KB276030

일본어 독해력 완성 프로그램
다락원 일한 대역문고

고급
5

나는 고양이다

吾輩は猫である

夏目漱石 著 | 조영석 訳註

다락원

머리말

『다락원 일한 대역문고』 고급 시리즈는 일본어에 대한 체계가 잡혀 있는 중급 이상 수준의 학습자가 일본 문학작품을 통해서 일본어에 대한 이해를 높이는 것을 목표로 만들었습니다.

일본 국내외에서 완성도를 인정받은 일본 문학작품으로 일본어를 학습한다면 일본에 대한 지식도 쌓을 수 있어서 일본어 학습이 더욱 유익해질 것입니다.

일본어에 대한 감각이 일정 수준에 달하면 정확한 전달력뿐만 아니라 풍부한 표현력에 대한 요구도 강해집니다.

그런 점에서 현행 일본 고등학교 교과서에 실린 문학작품과 일본 문학계에서 천재성을 인정받은 여러 작가의 유명 작품들로 구성된 『다락원 일한 대역문고』 시리즈는 풍부한 일본어 표현력을 기르는 데 좋은 길잡이가 되어 줄 것입니다.

『다락원 일한 대역문고』 시리즈는 사전 없이 편리하게 학습할 수 있도록, 어휘 풀이는 물론 주요 문형에 대한 자세한 해설과 예문을 함께 실었습니다. 본문 해석은 직역(直譯)을 원칙으로 하되, 문학 작품임을 감안해 원문의 분위기를 흐리지 않는 범위 내에서 자연스러운 한국어 번역을 위해 의역(意譯)과 때로는 표현 가감을 선택했습니다. 『다락원 일한 대역문고』 고급 시리즈로 일본 문학작품을 읽는 재미는 물론 원어민의 정확한 발음으로 녹음된 오디오로 듣기 능력까지 함께 향상시키시기 바랍니다. 여러분의 일본어 학습에 도움이 되기를 바랍니다.

다락원 일한 대역문고 연구회

『다락원 일한 대역문고』 이렇게 보세요

어휘 설명

자세한 해설과 함께, 본문에 히라가나로 쓰인 단어 중 한자와 함께 익혀 두면 좋은 어휘에는 한자 표기를 병기하고, 또 예문에 쓰인 단어 중 읽기가 어려운 단어에는 읽는법을 밝혔습니다.

사진 자료는 어휘 해설에 대한 빠르고 정확한 이해를 도와줍니다.

문형 해설

주요 문형의 뜻풀이와 접속을 예문과 함께 알기 쉽게 정리했습니다.

일러두기

일본어의 한국어 표기는 다음과 같습니다.
장음은 단음으로 표기했습니다. 예 大阪 — 오사카
발음 표기는 로마자 표기의 발음에 따랐습니다. 예 つかう (tsukau) — 츠카우
촉음은 'ㅅ'으로 표기했습니다.

문형 접속 해설에 쓰인 활용형의 설명은 다음과 같습니다.
ます형(연용형) — ます가 붙기 이전의 형태
ない형 — ない가 붙기 이전의 형태
て형・た형 — 각각 て・た가 붙은 형태
な형용사な・명사の — な형용사의 어간에 な가 붙은 형태, 명사에 の가 붙은 형태
동사・い형용사・な형용사의 기본형 — 동사・い형용사는 사전에 실려 있는 형태, な형용사는 어간에 だ가 붙은 형태
보통형 — 기본형, 부정형, 과거형, 과거부정형

MP3 파일
원어민 성우의 정확한 내레이션으로 듣는 즐거움도 쌓으세요.

목차

나는 고양이다

吾輩は猫である

夏目漱石(なつめ そうせき, 1867~1916)

漱石의 본명은 夏目金之助로 1867년 현재 신주쿠에
서 수대에 걸쳐 나누시(동장)를 역임한 아버지의 8남매
중 막내로 태어났다. 그가 태어난 다음 해 江戸막부가
붕괴하여 집안이 몰락하기 시작하면서 불우한 유소년기
를 보내게 된다. 그는 2살 때부터 9살 때까지 鹽原가에
서 양자 생활을 한 후 친가로 돌아왔으나 21살이 되어서야 夏目가로 복적이
되었다.

東京帝国대학 영문과를 졸업하고 松山중학교와 熊本의 고등학교에서 영
어교사 생활을 한다. 1900년에 영국 유학길에 오르는데 2여 년 간의 영국 유
학 기간 중 심한 신경쇠약에 걸리게 되고 이후에도 여러 번 재발한다. 귀국
후 東京第一고등학교와 東京帝国대학에서 교편을 잡았다.

1905년 『吾輩は猫である』를 발표하여 호평을 받고, 이어서 『坊っちゃん』,
『草枕』를 연이어 발표하여 작가로서의 지위를 확립한 후, 1907년에 朝日신
문에 입사하여 1916년 삶을 끝마칠 때까지 모든 작품을 신문지상에 연재하
는 전업 작가로서의 길을 걸었다. 이러한 작품의 집필 기간 중에도 漱石의
병은 악화되어 위궤양 이외에도 신경쇠약으로 고생하다 1916년 『明暗』집필
도중 위궤양이 재발하여 내출혈로 짧은 생애를 마쳤다.

*이 작품은 원래 총 11장으로 이루어진 작품인데, 그 중 첫 장과 마지막 장인 11장
을 중심으로 번역 소개하였다.

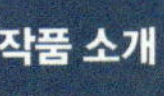

吾輩は猫である는 夏目漱石의 문단 데뷔작이자 출세작으로 1905(明治 38)년 1월에 제1회분이 俳句전문잡지 「ホトトギス」에 실린 것을 시작으로 다음 해인 1906년 8월까지 10회에 걸쳐 연재되었다.

영어교사인 苦沙弥선생 집에서 길러진 고양이인 나(吾輩)의 시점에서 주인 苦沙弥선생 일가와 그의 친구들, 그의 문하생들이 펼치는 인간 세태를 시니컬하게 그린 작품이다. 기본적으로 고양이의 눈을 통해 전개되는 인간들의 세계를 담고 있고, 그 사이사이에 고양이의 세계를 삽화처럼 삽입하여 이야기의 재미를 증폭시켜 간다. 여기서 고양이의 눈은 인간 세계를 상대화하여 객관적으로 바라보는 눈이고, 무명(無名)의 고양이라는 시점 설정과 무명성을 통해 이 작품의 해학성과 풍자적 성격은 유감없이 발휘된다.

漱石가 1회분의 소품으로 생각하고 쓴 것이어서 작품 전편을 통해 보면 일관된 스토리의 전개나 뚜렷한 작중인물의 성격, 치밀한 구성 등이 결여되어 있다. 그렇다고 이 작품이 지닌 가치나 작품을 읽는 재미가 반감된다는 것은 아니다. 실제로 『吾輩は猫である』에는 후년의 漱石의 문학세계에 표출되는 거의 모든 것이 담겨 있다. 漱石 문학의 중요한 특징인 문명 비평적 성격, 근대 일본 지식인의 에고(自我) 문제, 그리고 인간관 등이 거의 망라되어 있다. 또 작품 창작 기법과 관련하여 풍자적 요소와 후년의 작품에 자주 등장하는 일기와 편지를 활용하여 작품을 전개시키는 가운데 작가의 세계관을 전달하는 방식 등도 두드러진다. 그런 의미에서 漱石의 작품 중에서도 『吾輩は猫である』는 중요한 작품이라고 할 수 있다.

吾輩は猫である
わが　はい　　　　ねこ

一

吾輩は猫である。名前はまだない。

どこで生れたかとんと見当がつかぬ。何でも薄暗いじめじ
めした所でニャーニャー泣いていた事だけは記憶している。
吾輩はここで初めて人間というものを見た。しかもあとで聞
くとそれは書生という人間中で一番獰悪な種族であったそう
だ。この書生というのは時々我々を捕まえて煮て食うという
話である。しかしその当時は何という考えもなかったから、

□**吾輩** 남자의 1인칭, 우리, 나 ＝我輩　□**とんと** 조금도, 전혀〈뒤에 부정어가 옴〉　□**見当がつく** 짐작이 가다　■**〜ぬ**（동사 ない형에 붙어）〜않다 ＝ない〈문어 ず의 연체형인데, 종지형으로도 쓰임〉　□**薄黒い** 어두침침하다　□**じめじめ** 습기가 많은 모양, 음침한 모양　□**しかも** 게다가, 더욱이　□**書生** 서생, 남의 집에서 가사를 도와주면서 공부하는 사람　□**獰悪だ** 영악하다, 모질고 악착같다　□**種族** 종족　□**捕まえる** 붙잡다, 붙들다　□**煮る** 익히다, 삶다

別段恐ろしいとも思わなかった。只彼の 掌 に載せられてスーと持ち上げられた時何だかフワフワした感じがあったばかりである。掌の上で少し落ちついて書生の顔を見たのが、いわゆる人間というものの見始めであろう。この時妙なものだと思った感じが今でも残っている。第一毛をもって装飾されべきはずの顔がつるつるしてまるで薬缶だ。その後猫にもだいぶ逢ったが、こんな片輪には一度も出会わした事がない。のみならず顔の真ん中があまりに突起している。そうしてその穴の中から時々ぷうぷうと煙を吹く。どうもむせぽくて実に弱った。これが人間の飲む煙草というものである事は、ようやくこの頃知った。

□**別段** 별반, 별로, 특별히 〈뒤에 부정어가 옴〉　□**掌** 손바닥　□**載せる** 위에 놓다, 얹다　□**持ち上げる** 들어올리다　□**フワフワ** 둥실둥실, 둥둥　□**落ちつく** 자리잡다, 진정되다　□**見始め** 처음 봄　□**妙だ** 묘하다, 이상하다　■**～をもって** ~으로, ~을 써서 〈手紙をもって通知(つうち)する 편지로서 통지한다〉　■**～べき** 그렇게 해야 할, ~할 만한(동사 기본형에 붙음, 단 する·来る는 すべき·こべき로도 씀) ~해야 될 〈驚きべき効果 놀랄 만한 효과〉　■**～はず** (동사い형용사 보통형, な형용사な, 명사の에 붙어) ~할 예정, ~할 리 〈あした着くはずだ 내일 도착할 것이다〉　□**つるつる** 표면이 매끈한 모양, 매끈매끈, 반들반들　□**薬缶** 주전자　□**だいぶ** 상당히, 꽤, 많이　□**逢う** 만나다 ＝会う　□**片輪** 불균형, 불완전, 비정상, 등신　□**出会わす** (우연히) 만나다　□**のみならず** 뿐만 아니라　□**突起** 돌기　□**ぷうぷう** 연기를 내뿜는 모양, 뻑뻑　□**むせる** 목이 메이다　■**～っぽい** (명사, 동사 ます형에 붙어) ~의 경향이 강하다 ＝っぽい 〈男ぽい 남자답다〉

　この書生の掌のうちでしばらくはよい心持ちに座っておったが、しばらくすると非常な速力で運転し始めた。書生が動くのか自分だけが動くのか分らないが無暗に目が回る。胸が悪くなる。到底助からないと思っていると、どさりと音がして目から火が出た。それまでは記憶しているが、あとは何の事やらいくら考え出そうとしても分らない。

　ふと気が付いて見ると書生はいない。たくさんおった兄弟が一疋も見えぬ。肝心の母親さえ姿を隠してしまった。その上今までの所とは違って無暗に明るい。目を明いていられぬくらいだ。はてな何でも容子がおかしいと、のそのそ這い出して見ると非常に痛い。吾輩は藁の上から急に笹原の中へ棄てられたのである。

　ようやくの思いで笹原を這い出すと向うに大きな池があ
る。吾輩は池の前に座ってどうしたらよかろうと考えて見た。
別にこれという分別も出ない。しばらくして泣いたら書生が
また迎いに来てくれるかと考え付いた。ニャー、ニャーと試
みにやってみたが誰も来ない。そのうち池の上をさらさらと
風が渡って日が暮れかかる。腹が非常に減ってきた。泣きた
くても声が出ない。仕方がない、何でもよいから食い物のあ
る所まであるこうと決心をして、そろりそろりと池を左に回
り始めた。どうも非常に苦しい。そこを我慢して無理やりに
這って行くとようやくの事で何となく人間臭い所へ出た。こ
こへ入ったら、どうにかなると思って竹垣の崩れた穴から、

□**迎い** 맞이함, 마중 =迎え　□**考え付く** 생각이 나다　□**試みに** 시험 삼아　□**さらさら** 사물이 서
로 가볍게 스칠 때 나는 소리, 살랑살랑　□**暮れかかる** 저물어 가다　□**腹が減る** 배고프다, 허기지다
□**仕方がない** 하는 수 없다　□**食い物** 먹을 것, 음식　□**そろりそろり** 어슬렁어슬렁　□**我慢** 참음,
견딤　□**無理やり** 억지로 강행하려는 모양, 억지로　□**這う** 기다, 기어가다　□**何となく** 어쩐지, 왠지
□**〜臭い** (명사에 붙어) ~의 냄새가 나다　□**竹垣** 대나무 울타리　□**崩れる** 무너지다, 허물어지다

14

とある邸内にもぐり込んだ。縁は不思議なもので、もしこの竹垣が破れていなかったなら、吾輩はついに路傍に餓死したかも知れんのである。一樹の蔭*とはよく言ったものだ。この垣根の穴は今日に至るまで吾輩が隣家の三毛を訪問する時の通路になっている。さて屋敷へは忍び込んだものの、これから先どうしていいか分らない。そのうちに暗くなる、腹は減る、寒さは寒し、雨が降ってくるという始末でもう一刻も猶予が出来なくなった。仕方がないからとにかく明るくて暖かそうな方へ方へとあるいて行く。今から考えるとその時はすでに家の内に入っておったのだ。ここで吾輩は彼の書生以外の人間を再び見るべき機会に遭遇したのである。第一に逢ったのがおさんである。これは前の書生より一層乱暴な方で、

□**とある** 어떤, 어느 ＝ある　□**邸内** 뜰 안　□**もぐり込む** 잠입하다　□**縁** 인연　□**破れる** 뚫어지다, 깨지다, 부서지다　□**路傍** 길가, 길거리　□**餓死** 아사, 굶어 죽음　■**～ん** (동사 ない형에 붙어) ~않다, ~아니다 〈부정을 나타내는 ぬ의 변한 말〉　□**一樹** 한 그루의 나무　□**垣根** 울타리　□**至る** (시간, 장소 등에) 다다르다, 이르다　□**隣家** 이웃, 옆, 이웃집 〈원래 りんか로 읽음〉　□**通路** 통로　□**さて** 그건 그렇고, 각설하고　□**屋敷** 저택　□**忍び込む** 몰래 들어가다, 잠입하다　■**～ものの** (동사 보통형에 붙어) ~하기는 하였지만 〈約束はしたものの、守れそうもない 약속은 했지만 지킬 수 있을 것 같지 않다〉　□**始末** 사정, 모양, 형편　□**一刻** 일각, 짧은 시간　□**猶予** 유예, 망설이고 꾸물거림　□**彼の** 저, 그　□**再び** 두 번, 다시　□**遭遇** 조우, 뜻하지 않게 만남　□**おさん** 식모　□**一層** 한층 더, 더욱　□**乱暴だ** 난폭하다, 조잡하다

***　一樹の蔭**　우연히 같은 나무의 그늘에 머무는 것도 전생에서의 인연에 의한 것이라는 의미이다.

吾輩を見るや否やいきなり頸筋をつかんで表へ抛り出した。いやこれは駄目だと思ったから目をねぶって運を天に任せていた。しかしひもじいのと寒いのにはどうしても我慢が出来ん。吾輩は再びおさんの隙を見て台所へ這い上った。すると間もなくまた投げ出された。吾輩は投げ出されては這い上り、這い上っては投げ出され、何でも同じ事を四、五遍繰り返したのを記憶している。その時におさんと言う者はつくづくいやになった。この間おさんのさんまを盗んでこの返報をしてやってから、やっと胸の痞が下りた。吾輩が最後につまみ出されようとしたときに、この家の主人が騒々しい何だといいながら出て来た。下女は吾輩をぶら下げて主人の方へ向けて、

この宿なしの小猫がいくら出しても出しても御台所へ上って来て困りますという。主人は鼻の下の黒い毛をひねりながら吾輩の顔をしばらく眺めておったが、やがてそんなら内へ置いてやれといったまま奥へ入ってしまった。主人はあまり口を利かぬ人と見えた。下女は口惜しそうに吾輩を台所へ抛り出した。かくして吾輩はついにこの家を自分の住家と決める事にしたのである。

　吾輩の主人は滅多に吾輩と顔を合せる事がない。職業は教師だそうだ。学校から帰ると終日書斎に入ったぎりほとんど出て来る事がない。家のものは大変な勉強家だと思っている。当人も勉強家であるかのごとく見せている。しかし実際はうちのものがいうような勤勉家ではない。吾輩は時々忍び足に彼の書斎を覗いて見るが、彼はよく昼寝をしている事がある。

ひつ
のけ
きり村
すた

時々読みかけてある本の上に涎をたらしている。彼は胃弱で皮膚の色が淡黄色を帯びて弾力のない不活溌な徴候をあらわしている。そのくせに大飯を食う。大飯を食った後でタカジャスターゼを飲む。飲んだ後で書物をひろげる。二、三ページ読むと眠くなる。涎を本の上へ垂らす。これが彼の毎夜繰り返す日課である。吾輩は猫ながら時々考える事がある。教師というものは実に楽なものだ。人間と生れたら教師となるに限る。こんなに寝ていて勤まるものなら猫にでも出来ぬ事はないと。それでも主人に言わせると教師程つらいものはないそうで、彼は友達が来る度に何とかかんとか不平を鳴らしている。

　　吾輩がこの家へ住み込んだ当時は、主人以外のものには

はなはだ不人望であった。どこへ行っても跳ね付けられて相

手にしてくれ手がなかった。いかに珍重されなかったかは、

今日に至るまで名前さえつけてくれないのでも分る。吾輩は

仕方がないから、出来得る限り吾輩を入れてくれた主人の傍

にいる事を努めた。朝主人が新聞を読むときは必ず彼の膝の

上に乗る。彼が昼寝をするときは必ずその背中に乗る。これ

はあながち主人が好きという訳ではないが、別に構い手がな

かったからやむを得んのである。その後いろいろ経験の上、

朝は飯櫃の上、夜は炬燵の上、天気のよい昼は縁側へ寝る事
とした。しかし一番心持ちのいいのは夜に入ってここのうち
の子供の寝床へもぐり込んで一所にねる事である。この子供
というのは五つと三つで、夜になると二人が一つ床へ入って一
間へ寝る。吾輩はいつでも彼らの中間に己れを要るべき余地を
見出してどうにか、こうにか割り込むのであるが、運悪く子供
の一人が目を覚ますが最後大変な事になる。子供は――ことに
小さい方が質がわるい――猫が来た猫が来たといって夜中でも
何でも大きな声で泣き出すのである。すると例の神経胃弱性の
主人は必ず目をさまして次の部屋から飛び出してくる。現にせん
だってなどは、物指で尻ぺたをひどく叩かれた。

□飯櫃 밥통 □炬燵 일본의 난방 장치로 나무틀에 화로를 넣고 그 위에 이불 등을 씌
운 것 □縁側 툇마루 □寝床 침상, 잠자리 □床 잠자리, 요, 이부자리 □一間 하나
의 방 □彼ら 그들 □己れ 자기 자신, 그 자신, 나 □要る 필요하다 □余地 여지
□見出す 찾아내다, 발견하다 □どうにかこうにか 이럭저럭, 그런대로, 겨우겨우 □割り込む 비집
고 들어가다, 끼어들다 □目を覚ます 잠을 깨다 □ことに 특별히 □質 (타고난) 성질, 체질 □夜
中 밤중, 한밤중 □泣き出す 울기 시작하다 □神経胃弱性 신경성 위염 □飛び出す 뛰어나오다
□現に 실제로, 목전에 □せんだって 앞서, 얼마 전에, 요전에 □物指 자 □尻ぺた 볼기, 엉덩이
□叩く 때리다, 두드리다

吾輩は人間と同居して彼らを観察すればする程、彼らは我

儘なものだと断言せざるを得ないようになった。ことに吾輩

が時々同衾する子供のごときに至っては言語道断である。自

分の勝手な時は人を逆さにしたり、頭へ袋をかぶせたり、抛

り出したり、へっついの中へ押し込んだりする。しかも吾輩

の方で少しでも手出しをしようものなら家内総掛かりで追い

回して迫害を加える。この間もちょっと畳で爪を磨いだら細

君が非常に怒って、それから容易に座敷へ入れない。台所の

板の間で人が震えていても一向平気なものである。吾輩の尊

敬する筋向の白君などは、逢う度毎に人間程不人情なものは

□我儘だ 제멋대로다, 버릇없다　□断言 단언　■～ざるを得ない (동사 ない 형에 붙어) ~하지 않을 수 없다, ~해야 하다 〈言わざるを得ない 말하지 않을 수 없다〉　□同衾 동침　■～ごとき (동사 기본형·た형, 명사の에 붙어) ~와 같은 〈彼ごとき素人(しろうと)とは二度と話したくない 그와 같은 풋내기하고는 두 번 다시 이야기하고 싶지 않다〉　□～に至っては ~에 이르러서는　□言語道断 언어도단(어이가 없어 할 말이 없음)　□逆さ 거꾸로 됨, 반대 〈さかさま의 준말〉　□袋 주머니, 봉지　□かぶせる 덮다, 씌우다　□へっつい 부뚜막=かまど　□押し込む 억지로 들어가다, 억지로 밀어넣다　□手出し 손을 댐　□家内 식구, 가족, 아내　□総掛かり 총동원　□追い回す 쫓아다니다　□迫害 박해　□畳 다다미　□爪 손톱　□磨ぐ (칼 따위를) 갈다=研ぐ　□細君 남의 아내나 자기 아내　□容易だ 용이하다, 쉽다　□座敷 객실, 다다미방　□板の間 마루방　□震える (추위, 두려움, 병 등으로) 떨리다　□一向 매우, 아주　□平気だ 태연하다, 걱정 없다　□筋向 비스듬히 마주 봄 =すじむかい　□～度毎に ~할 때마다, ~할 적마다　□不人情 몰인정

22

ないと言っておらるる。白君は先日玉のような子猫を四疋産
まれたのである。ところがそこの家の書生が三日目にそい
つを裏の池へ持って行って四疋ながら棄てて来たそうだ。
白君は涙を流してその一部始終を話した上、どうしても我ら
猫族が親子の愛を全くして美しい家族的生活をするには人間
と戦ってこれを剿滅せねばならぬといわれた。一々もっとも
の議論と思う。また隣の三毛君などは人間が所有権という事
を解していないといって大いに憤慨している。元来我々同族間
では目刺の頭でも鰡の臍でも、一番先に見付けたものがこれ
を食う権利があるものとなっている。もし相手がこの規約を

守らなければ腕力に訴えてよいくらいのものだ。しかるに彼ら人間は毫もこの観念がないと見えて、我らが見付けた御馳走は必ず彼らのために掠奪せらるるのである。彼らはその強力を頼んで正当に吾人が食い得べきものを奪ってすましている。白君は軍人の家におり三毛君は代言の主人を持っている。吾輩は教師の家に住んでいるだけ、こんな事に関すると両君よりもむしろ楽天である。只その日その日がどうにかこうにか送られればよい。いくら人間だって、そういつまでも栄える事もあるまい。まあ気を長く猫の時節を待つがよかろう。

□腕力 완력　□訴える 호소하다, 작용하다　□しかるに 그런데도　□毫も 조금도, 털끝만큼도, 추호도〈뒤에 부정어가 옴〉〈そんなつもりは毫もない 그런 의도는 조금도 없다〉　□御馳走 진수 성찬, 대접　□掠奪 약탈 ＝略奪　□強力 강력, 힘이 셈　□頼む 부탁하다, 의지하다　□正当だ 정당하다　□吾人 (한문투의 말씨) 우리들 ＝我ら　□奪う 빼앗다　□すます 시치미를 떼다　□軍人 군인　□代言 변호사〈弁護士(べんごし)의 옛말〉　□むしろ 오히려, 차라리　□楽天 낙천　□只 단지, 다만　□~だって ~일지라도, ~라 하더라도　□栄える 번창하다　■~まい (1그룹 동사의 기본형, 2그룹 동사의 ます형 에 붙고 する, 来る는 각각 すまい・するまい, くまい・くるまい가 되어 부정적인 의지와 추량을 나타냄) ~하지 않을 것이다, ~하지 않겠지〈絶対に遅刻するまいと決心した 절대로 지각하지 않겠다고 결심했다〉　□時節 때, 시기, 철

　我儘で思い出したからちょっと吾輩の家の主人がこの我儘で失敗した話をしよう。元来この主人は何といって人に優れて出来る事もないが、何にでもよく手を出したがる。俳句をやってほととぎす*へ投書をしたり、新体詩を明星*へ出したり、間違いだらけの英文をかいたり、時によると弓に凝ったり、謡を習ったり、またあるときはバイオリンなどをブーブー鳴らしたりするが、気の毒な事には、どれもこれも物になっておらん。その癖やり出すと胃弱の癖にいやに熱心だ。

後架の中で謡をうたって、近所で後架先生とあだ名をつけら
れているにも関せず一向平気なもので、やはりこれは平の宗
盛にて候を繰返している。みんながそら宗盛だと吹き出す

□後架 변소, 본디 선사의 승당 뒤에 있는 세면장이란 뜻　□あだ名 별명　□〜にも関せず 〜에도 상
관없이　□〜にて候 〜입니다, 〜습니다　□平の宗盛にて候 謡曲(うたい, 能楽의 대본 또는 그것에
가락을 붙여 노래함)인 『熊野(ゆや)』의 첫머리로, 무네모리가 자신의 이름을 말하는 첫 구　□そら 주의
를 환기시킬 때 내는 소리, 자, 저런　□吹き出す 웃음을 터뜨리다

くらいである。この主人がどういう考えになったものか吾輩

の住み込んでから一月ばかり後のある月の月給日に、大きな

包みを提げてあわただしく帰って来た。何を買って来たのか

と思うと水彩絵の具と毛筆とワットマンという紙で、今日か

ら謡や俳句をやめて絵をかく決心と見えた。果して翌日から

当分の間というものは毎日毎日書斎で昼寝もしないで絵ばか

りかいている。しかしそのかき上げたものを見ると何をかい

たものやら誰にも鑑定がつかない。当人もあまり甘くないと

思ったものか、ある日その友人で美学とかをやっている人が

来た時に下のような話をしているのを聞いた。

　「どうも甘くかけないものだね。人のを見ると何でもない
ようだが、自ら筆をとって見ると今更のようにむずかしく感
ずる」これは主人の述懐である。なるほど詐りのない処だ。
彼の友は金縁の眼鏡越しに主人の顔を見ながら、「そう初め
から上手にはかけないさ、第一室内の想像ばかりで画がかけ
る訳のものではない。昔イタリーの大家アンドレア・デル・
サルトが言った事がある。画をかくなら何でも自然その物を
写せ。天に星辰あり。地に露華あり。飛ぶに鳥あり。走るに
獣あり。池に金魚あり。枯木に寒鴉あり。自然はこれ一幅の
大活画なりと。どうだ君も画らしい画をかこうと思うならち
と写生をしたら」

「へえアンドレア・デル・サルトがそんな事をいった事が
あるかい。ちっとも知らなかった。なるほどこりゃもっとも
だ。実にその通りだ」と主人は無暗に感心している。金縁の
裏には嘲るような笑が見えた。

<hr>

　その翌日吾輩は例のごとく縁側に出て心持ちよく昼寝をしていたら、主人が例になく書斎から出て来て吾輩の後ろで何かしきりにやっておる。ふと目が覚めて何をしているかと一分ばかり細目に目をあけて見ると、彼は余念もなくアンドレア・デル・サルトを極め込んでいる。吾輩はこの有様を見て覚えず失笑するのを禁じ得なかった。彼は彼の友に揶揄せられたる結果としてまず手初めに吾輩を写生しつつあるのである。吾輩はすでに十分寝た。欠伸がしたくてたまらない。しかしせっかく主人が熱心に筆を執っているのを動いては気の毒だと思うて、じっと辛抱しておった。彼は今吾輩の輪郭をかき上げて顔のあたりを色彩っている。吾輩は自白する。

吾輩は猫として決して上乗の出来ではない。背といい毛並と
いい顔の造作といいあえて他の猫に勝るとは決して思ってお
らん。しかしいくら不器量の吾輩でも、今吾輩の主人に描き
出されつつあるような妙な姿とは、どうしても思われない。
第一色が違う。吾輩はペルシャ産の猫のごとく黄を含める淡
灰色に漆のごとき斑入りの皮膚を有している。これだけは誰
が見ても疑うべからざる事実と思う。しかるに今主人の彩色
を見ると、黄でもなければ黒でもない、灰色でもなければ褐
色でもない、さればとてこれらを交ぜた色でもない。只一種
の色であるというよりほかに評し方のない色である。その上

□**上乗だ** 가장 뛰어나다　□**出来** 완성된 상태, 제품　□**〜といい** (둘 이상의 사항을 들어 말할 때)
~이고, ~하며　□**毛並** 털의 결, 혈통　□**造作** 이목구비, 생김새　□**あえて** 구태여, 굳이 〈뒤에 부정어
가 옴〉　□**〜に勝る** ~보다 낫다　□**不器量だ** 용모가 추하다, 재능이 부족하다　□**描き出す** 그려 내
다　□**ペルシャ産** 페르시아산　□**黄** 황, 노랑　□**含める** 포함시키다　□**淡灰色** 옅은 회색　□**漆**
옻나무, 옻, 옻칠　□**斑入り** 바탕과 다른 빛깔의 반점이나 무늬가 섞인 것　□**有する** 가지다, 지니다
□**疑う** 의심하다　■**〜べからざる** (동사 기본형에 붙어 금지, 제지, 불가능을 나타냄) ~해서는 안 된
다, ~해서는 못 쓴다 〈言うべからざることを言ってしまった 말해서는 안 될 것을 말해 버렸다〉　□**彩色** 채
색　□**灰色** 회색, 잿빛　□**褐色** 다갈색　□**さればとて** 그렇다고 해서　□**交ぜる** 섞다　□**一種** 일종
□**評し方** 평가하는 방법　□**その上** 게다가

不思議な事は目がない。もっともこれは寝ているところを写
生したのだから無理もないが、目らしい所さえ見えないから
盲猫だか寝ている猫だか判然しないのである。吾輩は心中ひ
そかにいくらアンドレア・デル・サルトでもこれではしよう
がないと思った。しかしその熱心には感服せざるを得ない。
なるべくなら動かずにおってやりたいと思ったが、さっきか
ら小便が催している。身内の筋肉はむずむずする。最早一分
も猶予が出来ぬ仕儀となったから、やむをえず失敬して両足
を前へ存分のして、首を低く押し出してあーあと大なる欠伸
をした。さてこうなって見ると、もう大人しくしていても

仕方がない。どうせ主人の予定は打ち壊したのだから、ついでに裏へ行って用を足そうと思ってのそのそ這い出した。すると主人は失望と怒りを掻き交ぜたような声をして、座敷の中から「この馬鹿野郎」と怒鳴った。この主人は人を罵るときは必ず馬鹿野郎というのが癖である。ほかに悪口の言い様を知らないのだから仕方がないが、今まで辛抱した人の気も知らないで、無暗に馬鹿野郎呼ばわりは失敬だと思う。それも

□打ち壊す 망치다, 파괴하다　□ついでに 계속하여, 뒤이어　□用を足す 일을 보다, 용변을 보다　□のそのそ 느리고 둔하게 행동하는 모양, 느릿느릿, 어슬렁어슬렁　□怒り 노여움, 분노　□掻き交ぜる 뒤섞다, (자기 생각대로) 휘두르다　□怒鳴る 큰 소리로 부르다, 고함치다　□罵る 욕을 퍼부으며 떠들다, 비난하다　□悪口 욕, 험담　□言い様 말씨, 말투, 표현 방법　□呼ばわり 지칭함, 취급함

平生吾輩が彼の背中へ乗る時に少しはいい顔でもするならこ
の漫罵も甘んじて受けるが、こっちの便利になる事は何一つ
快くしてくれた事もないのに、小便に立ったのを馬鹿野郎
とは酷い。元来人間というものは自己の力量に慢じてみんな
増長している。少し人間より強いものが出て来ていじめてや
らなくてはこの先どこまで増長するか分らない。

　我儘もこのくらいなら我慢するが、吾輩は人間の不徳につ
いてこれよりも数倍悲しむべき報道を耳にした事がある。

　吾輩の家の裏に十坪ばかりの茶園がある。広くはないが瀟
洒とした心持ちよく日の当る所だ。うちの子供があまり騒い
で楽々昼寝の出来ない時や、あまり退屈で腹加減のよくない

□平生 평소　□漫罵 까닭 없이 함부로 욕함　□甘んじる 만족해하다, 감수하다 ＝甘んずる　□快い
기분이 좋다　□酷い 잔인하다, 지독하다　□慢じる 자만하다　□増長 점점 심해짐, 우쭐해서 거만하
게 굶　□いじめる 괴롭히다, 구박하다 ＝虐める　□不徳 부도덕　□数倍 몇 배, 수 배　□耳にする
듣다　□〜坪 면적의 단위, ~평　□茶園 차밭, 차밭　□瀟洒 후련한 모양, 산뜻한 모양　□当る 적합하
다, 합당하다　□騒ぐ 떠들다　□楽々 넉넉히, 편안히　□退屈だ 지루하다, 심심하고 따분하다　□加
減 건강 상태, 알맞음, 정도

折などは、吾輩はいつでもここへ出て浩然の気を養うのが

例である。ある小春の穏かな日の二時頃であったが、吾輩は

昼飯後快く一睡した後、運動かたがたこの茶園へと歩を運ば

した。茶の木の根を一本一本嗅ぎながら、西側の杉垣のそば

までくると、枯菊を押し倒してその上に大きな猫が前後不覚

に寝ている。彼は吾輩の近付くのも一向心付かざるごとく、

また心付くも無頓着なるごとく、大きな鼾をして長々と体を

横えて眠っている。他の庭内に忍び入りたるものがかくまで

平気に眠られるものかと、吾輩は窃かにその大胆なる度胸に

驚かざるを得なかった。彼は純粋の黒猫である。わずかに午

を過ぎたる太陽は、透明なる光線を彼の皮膚の上になげかけ

て、きらきらする柔毛の間より目に見えぬ炎でも燃え出ずる

□折 경우, 그때　□浩然の気 호연지기(하늘과 땅 사이에 가득찬 넓고 큰 원기)　□養う 기르다　□小春 음력 10월　□穏かだ 평온하다, 조용하다　□一睡 한잠　□かたがた 겸, ~하는 김에　□歩 (문어) 걸음　□杉垣 삼나무 울짱　□枯菊 마른 국화　□押し倒す 밀어 넘어뜨리다　□前後不覚 전후 분별 없이, 정신없이　□近付く 접근하다, 다가가다　□心付く 깨닫다, 생각이 미치다　□無頓着だ 무관심하다, 무심하다　□鼾 코 고는 소리　□長々 길게, 오래도록　□横える 옆으로 누이다, 가로로 놓다　□庭内 뜰 안　□忍び入る 몰래 들어가다, 잠입하다　□たる だ의 문어체 たり의 연체형　□かくまで 이렇게까지, 이토록　□平気だ 태연하다, 예사롭다　□窃かに 몰래, 은밀히　□大胆だ 대담하다　□度胸 담력, 배짱　□わずかに 조금, 약간　□なげかける 던지다　□柔毛 솜털 =和毛　□炎 불꽃, 불길　□燃えいずる 타오르다

ように思われた。彼は猫中の大王とも言うべき程の偉大なる

体格を有している。吾輩の倍はたしかにある。吾輩は嘆賞の

念と、好奇の心に前後を忘れて彼の前に佇立して余念もなく

眺めていると、静かなる小春の風が、杉垣の上から出たる梧

桐の枝を軽く誘ってばらばらと二、三枚の葉が枯菊の茂みに

落ちた。大王はかっとその真ん丸の目を開いた。今でも記憶

している。その目は人間の珍重する琥珀というものよりも遥

かに美しく輝いていた。彼は身動きもしない。双眸の奥から

射るごとき光を吾輩の矮小なる額の上にあつめて、御めえ

は一体何だと言った。大王にしては少々言葉が卑しいと思っ

たが、何しろその声の底に犬をもひしぐべき力が籠っている

ので吾輩は少なからず恐れを抱いた。しかし挨拶をしないと

□**大王** 대왕　□**偉大だ** 위대하다　□**〜なる** ~한, ~인 =〜な〈문어 조동사 なり의 연체형〉　□**嘆賞** 감탄해 칭찬함　□**念** 생각, 심정　□**好奇** 호기　□**佇立** 잠깐 동안 멈추어 섬　□**余念** 여념　□**梧桐** 오동나무　□**誘う** 꾀다, 유혹하다　□**ばらばら(と)** 뿔뿔이, 후두둑　□**茂み** 숲, 수풀　□**かっと** 번쩍, 확, 딱　□**真ん丸** 아주 둥근 것　□**琥珀** 호박　□**遥かに** 훨씬　□**身動き** 운신, 몸을 움직임　□**双眸** 두 눈(동자)　□**射る** 쏘다, 꿰뚫다, 쏘아보다　□**矮小だ** 왜소하다, 키가 작고 몸집이 작다　□**御めえ** 너, 자네=おまえ　□**卑しい** 천하다　□**何しろ** 여하튼, 어쨌든　□**ひしぐ** 찌부러뜨리다, 기세를 꺾다, 쳐부수다　□**籠る** (감정 등이) 깃들다, 어리다　□**小なからず** 적잖이, 매우　□**抱く** 안다, (마음에) 품다

険呑だと思ったから「吾輩は猫である。名前はまだない」となるべく平気を装って冷然と答えた。しかしこの時吾輩の心臓はたしかに平時よりも激しく鼓動しておった。彼は大いに軽蔑せる調子で「何、猫だ？猫が聞いてあきれらあ。全てえどこに住んでるんだ」随分傍若無人である。「吾輩はここの教師の家にいるのだ」「どうせそんな事だろうと思った。いやに瘠せてるじゃねえか」と大王だけに気焔を吹きかける。言葉付きから察するとどうも良家の猫とも思われない。しかしその脂ぎって肥満しているところを見ると御馳走を食ってるらしい、豊かに暮しているらしい。吾輩は「そう言う君は一体誰だい」と聞かざるを得なかった。「おれあ車屋の黒よ」

昂然たるものだ。車屋の黒はこの近辺で知らぬ者なき乱暴猫
である。しかし車屋だけに強いばかりでちっとも教育がない
からあまり誰も交際しない。同盟敬遠主義の的になっている
奴だ。吾輩は彼の名を聞いて少々尻こそばゆき感じを起すと
同時に、一方では少々軽侮の念も生じたのである。吾輩はま
ず彼がどのくらい無学であるかを試してみようと思って左の
問答をしてみた。

　「一体車屋と教師とはどっちがえらいだろう」

　「車屋の方が強いに極っていらあな。御めえのうちの主人
を見ねえ、まるで骨と皮ばかりだぜ」

　「君も車屋の猫だけに大分強そうだ。車屋にいると御馳走
が食えると見えるね」

□**昂然だ** 의기양양하다　□**近辺** 근방, 근처, 부근　□**同盟** 동맹　□**敬遠** 경원, 공경하되 가까이하지는
않음　□**的** 표적, 대상, 목표　□**奴** 사람이나 사물을 친근하게 부르는 말, 놈, 녀석　□**尻こそばゆい** 낯
간지럽다, 멋쩍다　□**軽侮** 경멸, 멸시　□**無学** 무학　□**左** 다음, 이하　□**問答** 문답　■**~に極って
いる** 반드시 ~이다, ~으로 정해져 있다 〈夏は暑いに極っている 여름은 덥게 마련이다〉　□**~ぜ** ~이야, ~
거야, ~테다 〈가벼운 다짐이나 주의의 환기를 나타냄〉　□**大分** 상당히, 꽤

　「なあにおれなんざ、どこの国へ行ったって食い物に不自由はしねえつもりだ。御めえなんかも茶畑ばかりぐるぐる回っていねえで、ちっとおれの後へくっ付いて来てみねえ。ひと月とたたねえうちに見違えるように太れるぜ」

　「追ってそう願う事にしよう。しかし家は教師の方が車屋より大きいのに住んでいるように思われる」

　「箆棒め、うちなんかいくら大きくたって腹の足しになるもんか」

　彼は大いに肝癪に障った様子で、寒竹をそいだような耳をしきりとぴく付かせてあららかに立ち去った。吾輩が車屋の黒と知己になったのはこれからである。

　その後吾輩は度々黒と邂逅する。邂逅する毎に彼は車屋相当の気焔を吐く。先に吾輩が耳にしたという不徳事件も実は黒から聞いたのである。

　ある日例のごとく吾輩と黒は暖かい茶畑の中で寝転びながらいろいろ雑談をしていると、彼はいつもの自慢話をさも新しそうに繰り返したあとで、吾輩に向って下のごとく質問した。「御めえは今までに鼠を何匹とった事がある」知識は黒よりも余程発達しているつもりだが腕力と勇気とに至っては到底黒の比較にはならないと覚悟はしていたものの、この問に接したる時は、さすがに決りがよくはなかった。けれども

___

□度々 번번이, 자주　□邂逅 해후　□相当 상당, 어울림　□気焔を吐く 기염을 토하다　□寝転ぶ 뒹굴다　□自慢話 자랑하는 이야기　□さも 정말, 자못　□鼠 쥐　□余程 상당히, 무척, 훨씬　□腕力 완력　□比較 비교　□問 질문　□接する 접하다　□さすがに 과연, 역시　□決りがよくない 거북하다, 쑥스럽다 ＝決りが悪い

事実は事実でいつわる訳には行かないから、吾輩は「実はとろうとろうと思ってまだ捕らない」と答えた。黒は彼の鼻の先からぴんと突っ張っている長い髭をびりびりと震わせて非常に笑った。元来黒は自慢をするだけにどこか足りないところがあって、彼の気焔を感心したように咽喉をころころ鳴らして謹聴していればはなはだ御しやすい猫である。吾輩は彼と近付になってから直にこの呼吸を飲み込んだからこの場合にもなまじいおのれを弁護してますます形勢をわるくするのも愚である、いっその事彼に自分の手柄話をしゃべらして御茶を濁すに若くはないと思案を定めた。そこで大人しく「君などは年が年であるから大分とったろう」とそそのかして見た。

果然彼は墻壁の欠所に吶喊して来た。「たんとでもねえが三、四十はとったろう」とは得意気なる彼の答えであった。彼はなお語をつづけて「鼠の百や二百は一人でいつでも引き受けるがいたちってえ奴は手に合わねえ。一度いたちに向って酷い目にあった」「へえなるほど」と相槌を打つ。黒は大きな目をぱちつかせて言う。「去年の大掃除の時だ。うちの亭主が石灰の袋を持って縁の下へ這い込んだら御めえ大きないたちの野郎が面喰って飛び出したと思いねえ」「ふん」と感心して見せる。「いたちってけども何鼠の少し大きいぐれえのものだ。

こん畜生って気で追っかけてとうとう泥溝の中へ追い込んだと思いねえ」「うまくやったね」と喝采してやる。「ところが御めえいざってえ段になると奴め最後っ屁をこきゃがった。臭えの臭くねえのってそれからってえものはいたちを見ると胸が悪くならあ」彼はここに至ってあたかも去年の臭気を今なお感ずるごとく前足を揚げて鼻の頭を二、三遍撫で回した。吾輩も少々気の毒な感じがする。ちっと景気を付けてやろうと思って「しかし鼠なら君に睨まれては百年目だろう。君はあまり鼠を捕るのが名人で鼠ばかり食うものだからそんなに肥って色つやがいいのだろう」黒の御機嫌をとるためのこの質問は不思議にも反対の結果を呈出した。彼は喟然として大息している。

「考えるとつまらねえ。いくら稼いで鼠をとったって――いってえ人間程ふてえ奴は世の中にいねえぜ。人のとった鼠をみんな取り上げやがって交番へ持って行きゃあがる。交番じゃ誰が捕ったか分らねえからそのたんびに五銭ずつくれるじゃねえか。うちの亭主なんか己のおかげでもう一円五十銭くらい儲けていやがる癖に、碌なものを食わせた事もありゃしねえ。おい人間てものあ体のいい泥棒だぜ」

　さすが無学の黒もこのくらいの理窟はわかると見えてすこぶる怒った容子で背中の毛を逆立てている。吾輩は少々気味が悪くなったからいい加減にその場をごまかして家へ帰った。

この時から吾輩は決して鼠をとるまいと決心した。しかし黒の子分になって鼠以外の御馳走をあさってあるく事もしなかった。御馳走を食うよりも寝ていた方が気楽でいい。教師の家にいると猫も教師のような性質になると見える。要心しないと今に胃弱になるかも知れない。

　教師といえば吾輩の主人も近頃に至っては到底水彩画において望みのない事を悟ったものと見えて、十二月一日の日記にこんな事をかきつけた。

　　○○と言う人に今日の会で始めて出会った。あの人は大分放蕩をした人だと言うがなるほど通人らしい風采をしている。こう言う質の人は女に好かれるものだから○○が放蕩をしたと言うよりも放蕩をするべく余儀なくせられたと言うのが適当であろう。あの人の妻君は芸者だそうだ、うらやましい事である。元来放蕩家を悪くいう人の大部分は放蕩をする資格のないものが多い。また放蕩家をもって自任する連中のうちにも、放蕩する資格のないものが多い。これらは余儀なくされないのに無理に進んでやるのである。あたかも吾輩の水彩画に於けるがごときもので到底卒業する気遣いはない。

□**出会う** 마주치다, 우연히 만나다　□**放蕩** 방탕　□**通人** 통달한 사람, 화류계 사정에 밝고 잘 노는 사람　□**風采** 풍채　□**余儀ない** 어쩔 수 없다, 부득이하다　□**妻君** 마누라, 집사람, 아내　□**芸者** 게이샤 (일본의 기녀)　□**自任** 자임　□**連中** 한패, 무리, 일당　□**～に於ける** ~에 있어서의, ~의 경우의　□**気遣い** 염려함, 걱정

しかるにも関せず、自分だけは通人だと思って済している。
料理屋の酒を飲んだり待合へ入るから通人となり得るという
論が立つなら、吾輩も一廉の水彩画家になり得る理窟だ。吾
輩の水彩画のごときはかかない方がましであると同じよう
に、愚昧なる通人よりも山出しの大野暮の方が遥かに上等
だ。

　通人論はちょっと首肯しかねる。また芸者の妻君をうらや
ましいなどというところは教師としては口にすべからざる愚
劣の考えであるが、自己の水彩画における批評眼だけはたし
かなものだ。主人はかくのごとく自知の明あるにも関せずそ
の自惚心はなかなか抜けない。中二日置いて十二月四日の日
記にこんな事を書いている。

　昨夜は僕が水彩画をかいて到底物にならんと思って、そこらに拋って置いたのを誰かが立派な額にして欄間に懸けてくれた夢を見た。さて額になったところを見ると我ながら急に上手になった。非常に嬉しい。これなら立派なものだと独りで眺め暮らしていると、夜が明けて目が覚めてやはり元の通り下手である事が朝日と共に明瞭になってしまった。

　主人は夢のうちまで水彩画の未練を背負ってあるいていると見える。これでは水彩画家は無論夫子のいわゆる通人にもなれない質だ。

□そこら ユ 근처, 그 근방　□拋る 포기하다, 방치하다　□額 액자, 틀　□欄間 문이나 미닫이 위의 상인방과 천장 사이에 통풍과 채광을 위하여 교창 따위를 붙여 놓은 부분　□眺め暮らす 바라보며 지내다　□明瞭だ 명료하다, 명백하다　□未練 미련　□背負う 짊어지다 ＝せおう　□夫子 현자·선생님 등을 높여 이르던 말

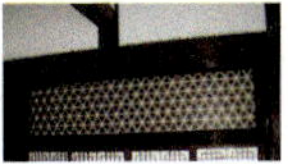

　主人が水彩画を夢に見た翌日例の金縁眼鏡の美学者が久し
振りで主人を訪問した。彼は座に付くと劈頭第一に「画はど
うかね」と口を切った。主人は平気な顔をして「君の忠告に
従って写生を力めているが、なるほど写生をすると今まで気
のつかなかった物の形や、色の精細な変化などがよく分るよ
うだ。西洋では昔から写生を主張した結果今日のように発達
したものと思われる。さすがアンドレア・デル・サルトだ」と
日記の事はおくびにも出さないで、またアンドレア・デル・
サルトに感心する。美学者は笑いながら「実は君、あれは出
鱈目だよ」と頭を掻く。「何が」と主人はまだいつわられた
事に気がつかない。「何がって君のしきりに感服しているアン
ドレア・デル・サルトさ。あれは僕のちょっと捏造した話だ。

□座に付く 자리에 앉다　□劈頭 벽두　□劈頭第一に 제일 먼저　□口を切る 입을 떼다, 말하기 시
작하다　□力める 힘쓰다 ＝努める　□精細だ 세밀하다　□おくびにも出さない 조금도 입 밖에 내
지 않다　□出鱈目だ 엉터리다, 함부로 하다　□頭を掻く 머리를 긁적거리다　□いつわる 거짓말하다,
속이다　□捏造 날조, 꾸밈, 조작

君がそんなに真面目に信じようとは思わなかったハハハハ」

と大喜悦の体である。吾輩は縁側でこの対話を聞いて、彼の

今日の日記にはいかなる事が記さるるであろうかと予め想

像せざるを得なかった。この美学者はこんないい加減な事を

吹き散らして、人を担ぐのを唯一の楽しみにしている男であ

る。彼はアンドレア・デル・サルト事件が主人の情線にいか

なる響を伝えたかを毫も顧慮せざるもののごとく得意になっ

て下のような事をしゃべった。「いや時々冗談を言うと人が

真に受けるので大いに滑稽的美感を挑撥するのは面白い。

せんだってある学生にニコラス・ニックルベーがギボンに忠告して彼の一世の大著述なる仏国革命史を仏語で書くのをやめにして英文で出版させたと言ったら、その学生がまた馬鹿に記憶のよい男で、日本文学会の演説会で真面目に僕の話した通りを繰り返したのは滑稽であった。ところがその時の傍聴者は約百名ばかりであったが、皆熱心にそれを傾聴しておった。それからまだ面白い話がある。せんだってある文学者のいる席でハリソンの歴史小説セオファーノの話が出たから、僕はあれは歴史小説の中で白眉である。ことに女主人公が死ぬところは鬼気人を襲うようだと評したら、僕の向うに座っている知らんと言った事のない先生が、そうそうあすこは実に

□ニコラス・ニックルベー Nicholas Nickleby, 영국 소설가 찰스 디킨즈(1812-70)의 소설 『니콜라스 니클비』의 주인공으로, 가공의 인물 □ギボン Edward Gibbon(1737-94), 영국의 역사가. 그의 주요 저서는 『프랑스 혁명사』가 아니라, 『로마제국 흥망사』이다. 漱石가 좋아한 영국의 비평가 토마스 칼라일이 『프랑스 혁명사』를 썼다. □一世 일생, 일대 □仏国 프랑스 □革命史 혁명사 □仏語 프랑스 어 □馬鹿に 몹시, 매우, 대단히 □滑稽だ 해학, 익살맞다. 우스꽝스럽다 □傍聴者 방청객 □傾聴 경청 □セオファーノ 영국의 작가 Harrison(1831-1923)이 쓴 『Theophano』. 단, 여주인공이 죽는 장면은 원작에 없다. □白眉 백미, 가장 뛰어난 것 □鬼気 귀기, 소름이 끼칠 정도로 무서운 기 □鬼気人を襲う 귀기가 인심을 엄습하다

名文だといった。それで僕はこの男もやはり僕同様この小説
を読んでおらないという事を知った」神経胃弱性の主人は目
を丸くして問いかけた。「そんな出鱈目をいってもし相手が
読んでいたらどうするつもりだ」あたかも人を欺くのは差支
えない、只化の皮があらわれた時は困るじゃないかと感じた
もののごとくである。美学者は少しも動じない。「なにその
時ゃ別の本と間違えたとか何とか言うばかりさ」と言って、
けらけら笑っている。この美学者は金縁の眼鏡は掛けている
が、その性質が車屋の黒に似たところがある。主人は黙って

日の出を輪に吹いて吾輩にはそんな勇気はないと言わんばかりの顔をしている。美学者はそれだから画をかいても駄目だという目付で「しかし冗談は冗談だが画というものは実際むずかしいものだよ、レオナルド・ダ・ヴィンチは門下生に寺院の壁のしみを写せと教えた事があるそうだ。なるほど雪隠などに入って雨の漏る壁を余念なく眺めていると、なかなかうまい模様画が自然に出来ているぜ。君注意して写生して見たまえきっと面白いものが出来るから」「また欺すのだろう」「いえこれだけはたしかだよ。実際奇警な語じゃないか、ダ・ヴィンチでもいいそうな事だあね」「なるほど奇警には相違ないな」と主人は半分降参をした。しかし彼はまだ雪隠で写生はせぬようだ。

　車屋の黒はその後跛になった。彼の光沢ある毛は段々色が褪めて抜けてくる。吾輩が琥珀よりも美しいと評した彼の目には目脂が一杯溜っている。ことに著しく吾輩の注意を引いたのは、彼の元気の消沈とその体格の悪くなった事である。吾輩が例の茶園で彼に逢った最後の日、どうだと言って尋ねたら「いたちの最後っ屁と魚屋の天秤棒には懲々だ」といった。

　赤松の間に二、三段の紅を綴った紅葉は昔の夢のごとく散って、つくばいに近く代る代る花弁をこぼした紅白の山茶花も残りなく落ち尽した。三間半の南向の縁側に冬の日脚が早く傾いて木枯の吹かない日はほとんど稀になってから、吾輩の昼寝の時間も狭められたような気がする。

<hr>

□跛 절름발이　□光沢 광택　□色が褪める 색이 바래다, 퇴색하다　□目脂 눈곱　□溜る 괴다, 쌓이다　□著しい 두드러지다　□消沈 쇠퇴　□魚屋 생선 장수, 생선 가게　□天秤棒 멜대　□懲々だ 지긋지긋하다　□綴る 철하다, 매다　□紅葉 단풍, 단풍나무　□散る (꽃이나 잎이) 지다　□つくばい 툇마루나 다실 입구에 설치한 손 씻는 곳이나 그릇　□代る代る 번갈아　□花弁 꽃잎　□こぼす 흘리다, 엎지르다　□紅白 홍백　□山茶花 애기동백　□残りなく 남김없이, 모두　■～尽す (동사 ます형에 붙어) 끝까지 ~하다, ~하여 버리다, ~해 치우다〈落ち尽す 다 떨어지다〉　□～間 길이의 단위, ~간(6척, 1.8미터)　□日脚 일각, 햇발　□傾く 기울다, 향하다　□木枯 늦가을 바람, 초겨울 바람　□稀に 드물게　□狭める 좁히다

　　主人は毎日学校へ行く。帰ると書斎へ立て籠る。人が来ると、教師が厭だ厭だという。水彩画も滅多にかかない。タカジャスターゼも功能がないといってやめてしまった。子供は感心に休まないで幼稚園へかよう。帰ると唱歌を歌って、毬をついて、時々吾輩を尻尾でぶら下げる。

　　吾輩は御馳走も食わないから別段肥りもしないが、まずまず健康で跛にもならずにその日その日を暮している。鼠は決して取らない。おさんは未だに嫌いである。名前はまだつけてくれないが、欲をいっても際限がないから生涯この教師の家で無名の猫で終るつもりだ。

□立て籠る 틀어박히다　□功能 효능　□幼稚園 유치원　□唱歌 창가　□毬 공(옛날의 축구공이나 손으로 가지고 놀던 공)　□尻尾 꼬리　□まずまず 우선, 그럭저럭　□未だに 아직껏, 아직도 ＝まだ　□欲をいっても 욕심을 부리자면　□際限がない 한이 없다, 끝이 없다　□生涯 생애, 평생　□無名 무명

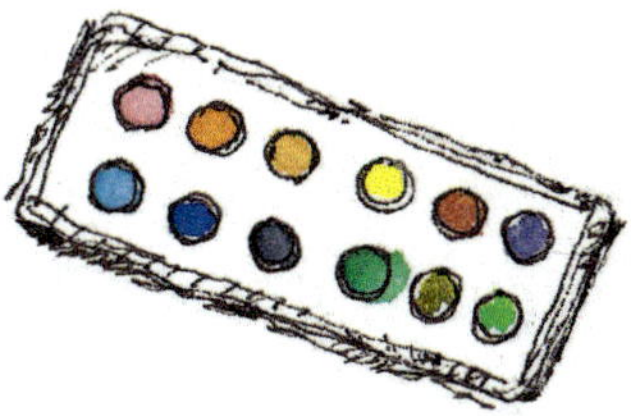

十一

床の間の前に碁盤を中に据えて迷亭君と独仙君が対座している。

「ただはやらない。負けた方が何か奢るんだぜ。いいかい」

と迷亭君が念を押すと、独仙君は例のごとく山羊髯を引っ張りながら、こう言った。

「そんな事をすると、せっかくの清戯を俗了してしまう。かけなどで勝負に心を奪われては面白くない。成敗を度外において、白雲の自然に岫を出でて冉々たるごとき心持ちで一局を了してこそ、個中の味わいはわかるものだよ」

□床の間 응접실의 상좌(다다미 방의 정면에 바닥을 한 층 높여 만들어 놓은 곳)　□碁盤 바둑판　□据える 자리잡다, 설치하다　□対座 대좌, 마주 앉음　□奢る 한턱내다　□念を押す 다짐하다, 몇 번이고 확인하다　□山羊髯 염소수염처럼 길게 늘어진 턱수염　□引っ張る 잡아당기다　□清戯 고결한 놀이　□俗了 속되게 됨, 저속하게 되어 버림　□かけ(賭け) 내기　□度外 범위 밖, 개의치 않음　□白雲 흰 구름　□岫 산봉우리　□出でる 나오다 ＝出る　□白雲の自然に岫を出でて 도연명(陶淵明)의 「帰去来辞」에 나오는 시구(詩句)로, '흰 구름이 산봉우리를 돌아 나와서'라는 의미　□冉々 염염, 사물이 진행되어 가는 모양　□一局 (바둑이나 장기의) 한 판　□了する 끝나다, 마치다　□個中 그 중, 이 가운데

「また来たね。そんな仙骨を相手にしちゃ少々骨が折れ過
ぎる。宛然たる列仙伝中の人物だね」

「無絃の素琴を弾じさ」

「無線の電信をかけかね」

「とにかく、やろう」

「君が白を持つのかい」

「どっちでも構わない」

「さすがに仙人だけあって鷹揚だ。君が白なら自然の順序
として僕は黒だね。さあ、来たまえ。どこからでも来たまえ」

「黒から打つのが法則だよ」

□仙骨 선골, 세속을 초월한 풍채 □骨が折れる 힘들다 □宛然 완연하다, 영락없다 □列仙伝 중국 한(漢) 나라의 유향이 지은 가장 오래된 신선 전기집 □無絃 무현 □素琴 거문고 □弾じる (현악기 를) 타다 ＝弾ずる □無線 무선 □電信 전신 □構わない 상관없다, 개의치 않다 □鷹揚だ (매가 유유히 하늘을 날 듯) 의젓하다, 대범하다, 느긋하다 □法則 법칙

「なるほど。しからば謙遜して、定石にここいらから行こう」

「定石にそんなのはないよ」

「なくっても構わない。新奇発明の定石だ」

吾輩は世間が狭いから碁盤と言うものは近来になって始めて拝見したのだが、考えれば考えるほど妙に出来ている。

広くもない四角な板を狭苦しく四角に仕切って、目が眩むほどごたごたと黒白の石をならべる。そうして勝ったとか、負けたとか、死んだとか、生きたとか、あぶら汗を流して騒いでいる。高が一尺四方ぐらいの面積だ。猫の前足で掻き散らしても滅茶滅茶になる。引き寄せて結べば草の庵にて、解くればもとの野原なりけり。入らざるいたずらだ。懐手をして盤を眺めている方が遥かに気楽である。それも最初の三、四十目は、石の並べ方では別段目障りにもならないが、いざ天下わけ目と言う間際に覗いて見ると、いやはや御気の毒な有様だ。白と黒が盤から、こぼれ落ちるまでに押し合って、

□**四角** 사각, 네모 □**板** 판자 □**狭苦しい** 비좁아 답답하다 □**仕切る** 칸막이하다 □**目が眩む** 현기증이 나다, 눈부시다 □**ごたごた(と)** 헝클어져 어수선한 모양, 어지러이 □**あぶら汗** 비지땀, 진땀 □**高が** 고작 □**一尺** 한 자〈尺은 길이의 단위〉 □**四方** 사방, 네모 □**掻き散らす** 흩뜨리다〈散らす의 힘줌말〉 □**滅茶滅茶だ** 엉망진창이다 □**引き寄せる** 끌어당기다 □**庵** 암자, 초막 □**解く** 풀다 □**野原** 들판 □**入らざる** 불필요한, 쓸데없는 □**いたずら** 장난 □**懐手** 남에게 맡기고 아무 일도 하지 않음 □**盤** (바둑·장기 등의) 판 □**目** (바둑알을 세는 말) 목, 점 □**目障り** 눈에 거슬림, 또는 그런 것 □**いざ** 막상, 정작 □**天下わけ目** 천하를 겨루는 판국, 승패의 갈림길 □**間際** 어떤 일이 행해지려는 직전, ~하려는 찰나 □**いやはや** 놀라고 어처구니 없을 때 하는 말, 어허, 어럽쇼, 거참 □**こぼれ落ちる** 넘쳐 떨어지다 □**押し合う** 서로 밀다

御互にギューギュー言っている。窮屈だからと言って、隣の

奴に退いて貰う訳にも行かず、邪魔だと申して前の先生に退

去を命ずる権利もなし、天命とあきらめて、じっとして身動

きもせず、すくんでいるよりほかに、どうする事も出来ない。

碁を発明したものは人間で、人間の嗜好が局面にあらわれる

ものとすれば、窮屈なる碁石の運命はせせこましい人間の性

質を代表していると言っても差支えない。人間の性質が碁

石の運命で推知する事が出来るものとすれば、人間とは天空

海濶の世界を、我からと縮めて、おのれの立つ両足以外には、

どうあっても踏み出せぬように、小刀細工で自分の領分に縄

張りをするのが好きなんだと断言せざるを得ない。人間とは

しいて苦痛を求めるものであると一言に評してもよかろう。

呑気なる迷亭君と、禅機ある独仙君とは、どう言う了見か、今日に限って戸棚から古碁盤を引きずり出して、この暑苦しいいたずらを始めたのである。さすがに御両人御揃いの事だから、最初のうちは各自任意の行動をとって、盤の上を白石と黒石が自由自在に飛び交わしていたが、盤の広さには限りがあって、横竪の目盛りは一手毎に埋って行くのだから、いかに呑気でも、いかに禅機があっても、苦しくなるのは当り前である。

「迷亭君、君の碁は乱暴だよ。そんな所へ入ってくる法はない」

「禅坊主の碁にはこんな法はないかも知れないが、本因坊*の流儀じゃ、あるんだから仕方がないさ」

□**呑気だ** 만사태평하다, 무사태평하다　□**禅機** 선기　□**了見** 소견, 생각　□**戸棚** 안에 선반을 단 장　□**古碁盤** 낡은 바둑판　□**引きずり出す** (억지로) 끌어내다　□**暑苦しい** 숨막힐 듯이 덥다　□**揃い** 짝을 이룸　□**任意** 임의　□**飛び交わす** 난비하다 ＝飛び交う　□**横竪** 가로와 세로　□**目盛り** 눈금, 눈대중함　□**一手** 한 수　□**埋る** 메워지다　□**坊主** (절의 주지인) 중　□**流儀** (학술·기예 등에서 예로부터 이어받은) 그 유파나 가문 나름의 법식·양식

*　**本因坊** 일본에서 오래 전부터 내려오는 4대 바둑 가문 가운데 하나, 本因坊 가문은 1대 算砂(산사)부터 21대 秀栽(슈우사이)까지 전해 내려오며 일본의 고수들을 키워내는 유명한 가문이었다. 21대 秀栽(しゅうさい)는 本因坊의 이름은 일본 제일의 실력자에게 전해내려가야 한다고 생각하여 일본기원에 本因坊의 이름을 계승하게 하여 本因坊戦이라는 이름의 바둑 대회가 열리게 되었다.

「しかし死ぬばかりだぜ」

「臣死をだも辞せず、いわんや彘肩をやと、一つ、こう行くかな」

「そうおいでになったと、よろしい。薫風南より来って、殿閣微涼を生ず＊。こう、ついでおけば大丈夫なものだ」

「おや、ついだのは、さすがにえらい。まさか、つぐ気遣いはなかろうと思った。ついでくりゃるな八幡鐘をと、こうやったら、どうするかね」

「どうするも、こうするもないさ。一剣天に倚って寒し＊——ええ、面倒だ。思い切って、切ってしまえ」

□〜だも 〜조차, 〜까지도　■〜を辞せず 〜을 사양하지 않다 〈水火(すいか)를 辞せず 물불을 가리지 않다〉　□いわんや 하물며, 더군다나　□彘肩 돼지 어깨 살　□臣死をだも辞せず、いわんや彘肩をや 『사기』의 항우본기에 나오는 고사로, '죽는 것은 두렵지 않다'라는 의미. 원문은 彘肩가 아니라 酒이다　□薫風 훈풍　□殿閣 왕이 기거하던 궁전　□微涼 미미한 서늘함　□生ず 생기다, 나오다 〈生ずる의 문어〉　□つぐ 잇다, 이어 붙이다　□おや 아니, 어머나, 이런, 저런　□気遣い 염려, 걱정, 마음 씀　□くりゃる 주시다 ＝くださる　□八幡鐘 에도 시대 때를 알린 종　□ついでくりゃるな八幡鐘を 「つぐ(잇다)」 대신 발음이 비슷한 「(鐘を)つく(종을 치다)」를 넣어 말 장난을 한 것임　□思い切って 과감히

＊ 薫風南より来って、殿閣微涼を生ず　『당시기사(唐詩記事)』에 있는 당나라 류공권(柳公權)의 연구(聯句)에서 가져온 표현. '초여름에 불어오는 상쾌한 남풍이 궁전에 청량감을 가져온다'라는 의미

＊ 一剣天に倚って寒し　선(禅) 사상에서 나온 말로, 앞에 「両頭とも裁断すれば、」라는 말이 생략됨. '양쪽머리를 자르면 사방에서 시원한 바람이 분다' 즉, '망설임을 버리면 사물의 선악을 판별하는 능력이 우주를 꿰뚫어 존재하는 것을 느낄 수 있다'라는 의미

「やや、大変大変。そこを切られちゃ死んでしまう。おい冗談じゃない。ちょっと待った」

「それだから、さっきから言わん事じゃない。こうなってる所へは入れるものじゃないんだ」

「入って失敬仕り候。ちょっとこの白をとってくれたまえ」

「それも待つのかい」

「ついでにその隣のも引き揚げてみてくれたまえ」

「ずうずうしいぜ、おい」

「Do you see the boy *か。——なに君と僕の間柄じゃないか。そんな水臭い事を言わずに、引き揚げてくれたまえな。

□**仕る** する·行う·してあげる의 겸사말　□**候** (있다·이다의 공손한 말) 있사옵니다　□**仕り候** 하옵나이다, 하였사옵니다　□**引き揚げる** 철수하다　□**ずうずうしい** 뻔뻔스럽다, 낯두껍다, 넉살좋다　□**間柄** 관계, 사이　□**水臭い** 싱겁다, 서먹서먹하다

***　Do you see the boy**　당시 초급 영어 교재에 자주 나오던 문장으로, 위의「ずうずうしいぜ, おい」와 음이 비슷한 것을 이용한 말 장난

死ぬか生きるかと言う場合だ。しばらく、しばらく*って花道から駆け出してくるところだよ」

「そんな事は僕は知らんよ」

「知らなくってもいいから、ちょっとどけたまえ」

「君さっきから、六返待ったをしたじゃないか」

「記憶のいい男だな。向後は旧に倍し待ったを仕り候。だからちょっとどけたまえと言うのだあね。君もよっぽど強情だね。座禅なんかしたら、もう少し捌けそうなものだ」

「しかしこの石でも殺さなければ、僕の方は少し負けになりそうだから……」

「君は最初から負けても構わない流じゃないか」

「僕は負けても構わないが、君には勝たしたくない」

「飛んだ悟道だ。相変らず春風影裏に電光をきってるね」

「春風影裏じゃない。電光影裏*だよ。君のは逆さだ」

「ハハハハもうたいてい逆になっていい時分だと思ったら、やはりたしかなところがあるね。それじゃ仕方がないあきらめるかな」

「生死事大、無常迅速、あきらめるさ」

「アーメン」と迷亭先生今度はまるで関係のない方面へぴしゃりと一石を下した。

□飛んだ 엉뚱한, 가당치도 않은, 얼토당토않은　□悟道 오도, 진리를 깨달음　□相変らず 변함없이, 여전히　□逆さ 반대로 됨〈逆様(さかさま)의 준말〉　□時分 때, 쯤, 시기　□生死事大 삶과 죽음은 큰 일임　□無常迅速 인간 세상이 매우 덧없음　□ぴしゃり(と) 고압적인 태도로 딱 잘라 말하는 모양, 탁　□一石 일석, (바둑에서) 한 수

* **電光影裏** 중국 송나라 승려 조원(祖元)이 조원의 병사가 자신을 공격해 죽이려고 할 때 읊은 것으로, 원문은 「電光影裏春風を斬きる(번개가 봄바람을 斬るようなもので、魂まで滅し尽くすことはできない)」이다. 「電光」은 '번개'를, 「影」는 '빛'을 뜻한다. '번갯불이 봄바람을 베는 것으로 영혼까지 없앨 수는 없다' 즉, '인생은 순간이지만, 인생을 깨달은 사람은 영구히 존재한다'는 뜻이다.

　床の間の前で迷亭君と独仙君が一生懸命に輸贏を争ってい
ると、座敷の入口には、寒月君と東風君が相ならんでその傍
に主人が黄色い顔をして座っている。寒月君の前に鰹節が三
本、裸のまま畳の上に行儀よく排列してあるのは奇観であ
る。

　この鰹節の出処は寒月君の懐で、取り出した時は暖かく、
掌に感じたくらい、裸ながらぬくもっていた。主人と東風
君は妙な目をして視線を鰹節の上に注いでいると、寒月君は
やがて口を開いた。

　「実は四日ばかり前に国から帰って来たのですが、いろい
ろ用事があって、方々馳けあるいていたものですから、つい
上がられなかったのです」

「そう急いでくるには及ばないさ」と主人は例のごとく無愛嬌な事を言う。

「急いで来んでもいいのですけれども、このおみやげを早く献上しないと心配ですから」

「鰹節じゃないか」

「ええ、国の名産です」

「名産だって東京にもそんなのは有りそうだぜ」

と主人は一番大きな奴を一本取り上げて、鼻の先へ持って行って臭いをかいでみる。

「かいだって、鰹節の善悪はわかりませんよ」

「 少し大きいのが名産たる所以かね」

「 まあ食べて御覧なさい」

「 食べる事はどうせ食べるが、こいつは何だか先が欠けてるじゃないか」

「 それだから早く持って来ないと心配だと言うのです」

「 なぜ？」

「 なぜって、そりゃ鼠が食ったのです」

「 そいつは危険だ。滅多に食うとペストになるぜ」

「 なに大丈夫、そのくらいかじったって害はありません」

「 全体どこで噛ったんだい」

「 船の中でです」

「 船の中？　どうして」

「入れる所がなかったから、バイオリンといっしょに袋の
なかへ入れて、船へ乗ったら、その晩にやられました。鰹節
だけなら、いいのですけれども、大切なバイオリンの胴を鰹
節と間違えてやはり少々噛りました」
「そそっかしい鼠だね。船の中に住んでると、そう見境が
なくなるものかな」と主人は誰にも分らん事を言って依然と
して鰹節を眺めている。

「なに鼠だから、どこに住んでてもそそっかしいのでしょう。だから下宿へ持って来てもまたやられそうでね。剣呑だから夜は寝床の中へ入れて寝ました」

「少しきたないようだぜ」

「だから食べる時にはちょっとお洗いなさい」

「ちょっとぐらいじゃ奇麗にゃなりそうもない」

「それじゃ、灰汁でもつけて、ごしごし磨いたらいいでしょう」

「バイオリンも抱いて寝たのかい」

「バイオリンは大き過ぎるから抱いて寝る訳には行かないんですが……」と言いかけると

「なんだって？　バイオリンを抱いて寝たって？　それは風流だ。行く春や重たき琵琶のだき心*と言う句もあるが、それは遠きその上の事だ。明治の秀才はバイオリンを抱いて寝なくっちゃ古人を凌ぐ訳には行かないよ。かい巻に長き夜守るやバイオリンはどうだい。東風君、新体詩でそんな事が言えるかい」と向うの方から迷亭先生大きな声でこっちの談話にも関係をつける。

　東風君は真面目で「新体詩は俳句と違ってそう急には出来ません。しかし出来た 暁 にはもう少し生霊の機微に触れた妙音が出ます」

「そうかね、生霊はおがらを焚いて迎え奉るものと思っ
てたが、やっぱり新体詩の力でも御来臨になるかい」と迷亭
はまだ碁をそっちのけにしてからかっている。

「そんな無駄口を叩くとまた負けるぜ」と主人は迷亭に注
意する。迷亭は平気なもので

「勝ちたくても、負けたくても、相手が釜中のたこ同然手
も足も出せないのだから、僕も無聊でやむを得ずバイオリン
の御仲間を仕るのさ」と言うと、相手の独仙君はいささか激
した調子で

「今度は君の番だよ。こっちで待ってるんだ」と言い放っ
た。

「え？ もう打ったのかい」

□おがら 겨릅대　□焚く (불을) 때다, 지피다　□〜奉る (동사 ます형에 붙어) 〜해 드리다　□来臨
왕림　□そっちのけにする 내팽개치다　□からかう 놀리다, 야유하다, 조롱하다　□無駄口を叩く
쓸데없는 말을 지껄이다　□釜中のたこ 원래는 「釜中の魚(솥 안의 물고기)」로 위기가 임박함을 비유
함　□同然だ 똑같다, 다름없다　□手も足も出ない 꼼짝달싹 못하다　□無聊だ 무료하다, 심심하다
□仲間 동료, 한패, 동아리　□〜さ 〜이지, 〜말이야 〈강한 주장을 나타냄〉　□いささか 조금, 약간, 좀,
다소　□激する 격해지다, 격렬해지다　□調子 어조　□言い放つ (서슴지 않고) 단언하다, 공언하다.
함부로 말하다

「打ったとも、とうに打ったさ」

「どこへ」

「この白をはすに伸ばした」

「なあるほど。この白をはすに伸ばして負けにけりか、そんならこっちはと——こっちは——こっちはこっちはとて暮れにけり*と、どうもいい手がないね。君もう一返打たしてやるから勝手なところへ一目打ちたまえ」

「そんな碁があるものか」

「そんな碁があるものかなら打ちましょう。——それじゃこのかど地面へちょっと曲がって置くかな。——寒月君、君のバイオリンはあんまり安いから鼠が馬鹿にして噛るんだよ、もう少しいいのを奮発して買うさ、僕がイタリアから三百年前の古物を取り寄せてやろうか」

□〜とも 〜고말고〈의문이나 반대의 여지가 없음을 나타냄〉 □とうに 벌써 □はす 비스듬함, 경사 □伸ばす 늘이다, 곧게 펴다 □なあるほど 과연〈なるほど의 힘준말〉 □〜にけり (완료 조동사 ぬ의 연용형 に+과거조동사 けり, 과거 일의 완료나 회상을 나타냄) 〜했구나, 〜했건만 □〜とて 〜라고 말하고 □一目 (바둑에서) 한 점 □かど 모서리, 구석 □地面 지면, 땅(바닥) □馬鹿にする 깔보다, 업신여기다 □奮発 분발 □イタリアから三百年前の古物 스트라디바리우스 □取り寄せる (주문하거나 말하여) 가져오게 하다

* **こっちはこっちはとて暮れにけり** 元禄(げんろく) 시대 歌人(かじん), 加賀千代女(かがのちよじょ)의 俳句(はいく) 「時鳥時鳥とて明けにけり (종달새야 종달새야 하고 부르니 날이 밝았구나)」의 구절을 변형시켜서 말함.

「どうか願います。ついでにお払いの方も願いたいもので」

「そんな古いものが役に立つものか」と何にも知らない主人は一喝にして迷亭君を決めつけた。

「君は人間の古物とバイオリンの古物と同一視しているんだろう。人間の古物でも金田某のごときものは今だに流行しているくらいだから、バイオリンに至っては古いほどがいいのさ。——さあ、独仙君どうか御早く願おう。けいまさのせりふじゃないが秋の日は暮れやすい*からね」

「君のようなせわしない男と碁を打つのは苦痛だよ。考える暇も何もありゃしない。仕方がないから、ここへ一目入れて目にしておこう」

□一喝 일갈. 한 번 큰소리로 꾸짖음　□決めつける (변명할 여지도 주지 않고) 엄하게 나무라다, 몹시 꾸짖다　□〜某 〜모, 〜아무개　□今だに 아직까지도　□せわしない 조급하다, 성급하다

＊　けいまさのせりふじゃないが秋の日は暮れやすい　義太夫節(ぎだゆうぶし, 浄瑠璃의 일종) 중『女房染分手綱(こいにょうぼう そめわけたづな)』에 등장하는 慶政(けいまさ)의 대사, 「暮れましたか、秋の日は短いな。」에서 가져옴

　「おやおや、とうとう生かしてしまった。惜しい事をした
ね。まさかそこへは打つまいと思って、いささか駄弁を振っ
て肝胆を砕いていたが、やっぱり駄目か」

　「当り前さ。君のは打つのじゃない。ごまかすのだ」

　「それが本因坊流、金田流、当世紳士流さ。——おい苦沙
弥先生、さすがに独仙君は鎌倉へ行って万年漬けを食っただ
けあって、物に動じないね。どうも敬々服々だ。碁はまずい
が、度胸は据ってる」

　「だから君のような度胸のない男は、少し真似をするがい
い」と主人が後ろ向のままで答えるやいなや、迷亭君は大き
な赤い舌をぺろりと出した。独仙君は毫も関せざるもののご
とく、「さあ君の番だ」とまた相手を促した。

- 중략 -

□生かす 살리다　□惜しい 애석하다, 아깝다　□駄弁 쓸데없는 잡담　□振う 휘두르다, 떨치다
□肝胆を砕く 노심초사하다, 심혈을 기울이다　□ごまかす 속이다　□当世 당세, 지금 세상　□漬け
절임, 절인 것　□物に動じない 일을 당하여 동요하지 않다　□敬々服々 탄복〈敬服의 강조〉　□度
胸 담력, 배짱　□据る 자리 잡고 움직이지 않다, 침착해지다　□真似をする 흉내를 내다　□後ろ向
등을 돌림　□舌 혀　□ぺろり 혀를 잽싸게 내미는 모양, 날름　□促す 재촉하다

　「そりゃ、そうと寒月君、近頃でもやはり学校へ行って珠ばかり磨いてるのかね」と迷亭先生はしばらくして話頭を転じた。

　「いえ、こないだうちから国へ帰省していたもんですから、暫時中止の姿です。珠ももうあきましたから、実はよそうかと思ってるんです」

　「だって珠が磨けないと博士にはなれんぜ」と主人は少しく眉をひそめたが、本人は存外気楽で、

　「博士ですか、エヘヘヘヘ。博士ならもうならなくってもいいんです」

　「でも結婚が延びて、双方困るだろう」

□珠 알, 렌즈　□転じる 변하다, 바꾸다 ＝転ずる　□こないだ 전날, 요전, 일전 ＝この間　□帰省 귀성, 귀향　□暫時 잠시, 잠깐　□あきる 싫증나다, 물리다　□よす(止す) 그만두다, 중지하다　□だって 하지만, 그런데　□博士 박사　□眉をひそめる 눈살을 찌푸리다　□存外 의외, 예상외　□延びる 미루어지다, 연기되다　□双方 쌍방, 양쪽

「結婚って誰の結婚です」

「君のさ」

「私が誰と結婚するんです」

「金田の令嬢さ」

「へええ」

「へえって、あれほど約束があるじゃないか」

「約束なんかありゃしません、そんな事を言い触らすなあ、向うの勝手です」

「こいつは少し乱暴だ。ねえ迷亭、君もあの一件は知ってるだろう」

「あの一件た、鼻事件かい。あの事件なら、君と僕が知ってるばかりじゃない、公然の秘密として天下一般に知れ渡ってる。

現に万朝*なぞでは花智花嫁と言う表題で両君の写真を紙上に掲ぐるの栄はいつだろう、いつだろうって、うるさく僕のところへ聞きにくるくらいだ。東風君なぞはすでに鴛鴦歌と言う一大長篇を作って、三箇月前から待ってるんだが、寒月君が博士にならないばかりで、せっかくの傑作も宝の持ち腐れになりそうで心配でたまらないそうだ。ねえ、東風君そうだろう」

「まだ心配するほど持ちあつかってはいませんが、とにかく満腹の同情をこめた作を 公 にするつもりです」

「それ見たまえ、君が博士になるかならないかで、四方八方へ飛んだ影響が及んでくるよ。少ししっかりして、珠を磨いてくれたまえ」

□なぞ 따위, 등 ＝など　□花智 신랑　□花嫁 신부　□表題 표제　□紙上 (특히 신문의) 지상　□掲ぐる 내세우다, 싣다, 게재하다　□栄 명예, 영예　□鴛鴦歌 원앙가(원앙은 의좋은 부부를 상징함)　□一大 일대　□傑作 걸작　□持ち腐れ 가지고 있을 뿐 이용하지 못함　□宝の持ち腐れ 훌륭한 재능을 가지고 있으면서도 활용하지 못하고 썩힘　□持ちあつかう 다루기 어렵다, 힘겨워하다　□満腹 배가 부름, (~의) 마음으로부터, 진심으로　□同情 동정　□こめる 채우다, (마음을) 담다　□公にする 공표하다, 일반에게 공개하다　□四方八方 사방팔방　□及ぶ 미치다

＊ 万朝　메이지 25년(1892년) 창간된 일간 시사지 「万朝報(まんちょうほう)」의 통칭

「へへへへいろいろ御心配をかけて済みませんが、もう博士にはならないでもいいのです」

「なぜ」

「なぜって、私にはもう歴とした女房があるんです」

「いや、こりゃえらい。いつの間に秘密結婚をやったのかね。油断のならない世の中だ。苦沙弥さんただ今御聞き及びの通り寒月君はすでに妻子があるんだとさ」

「子供はまだですよ。そう結婚して一月もたたないうちに子供が生れちゃ事でさあ」

「元来いつどこで結婚したんだ」と主人は予審判事みたような質問をかける。

<hr>

□歴とした 버젓한, 당당한　□女房 아내, 처　□えらい 대단하다, 뜻밖이다　□いつの間に 어느덧, 어느새　□油断のならない世の中 방심할 수 없는 세상　□ただ今 방금, 조금 전　□聞き及ぶ 전해 듣다, 들어서 알다　□妻子 처자, 아내와 자식　□事 일, 사건, 큰일　□予審判事 예심 판사

「いつって、国へ帰ったら、ちゃんと、うちで待ってたの
です。今日先生の所へ持って来た、この鰹節は結婚祝に親類
から貰ったんです」

「たった三本祝うのはけちだな」

「なに沢山のうちを三本だけ持って来たのです」

「じゃ御国の女だね、やっぱり色が黒いんだね」

「ええ、真っ黒です。ちょうど私には相当です」

□祝 축하, 축하 선물　□親類 친척, 집안　□けちだ 인색하다, 째째하다　□沢山 충분함, 많음　□国
나라, 고향　□相当だ 상당하다, 어울리다

「それで金田の方はどうする気だい」

「どうする気でもありません」

「そりゃ少し義理がわるかろう。ねえ迷亭」

「わるくもないさ。ほかへやりゃ同じ事だ。どうせ夫婦なんてものは闇の中で鉢合せをするようなものだ。要するに鉢合せをしないでもすむところをわざわざ鉢合せるんだから余計な事さ。すでに余計な事なら誰と誰の鉢が合ったって構いっこないよ。只気の毒なのは鴛鴦歌を作った東風君ぐらいなものさ」

「なに鴛鴦歌は都合によって、こちらへ向けかえてもよろしゅうございます。金田家の結婚式にはまた別に作りますから」

□**義理がわるい** 의리에 어긋나다, 의리상 체면이 안 서다 □**闇** 어둠, 암흑 □**鉢合せ** 머리를 맞부딪침, 박치기 □**すむ** 해결되다, 족하다 □**余計だ** 쓸데없다, 부질없다 □**構う** 상관하다, 마음쓰다 ■**〜っこない** (동사 ます형에 붙어) ~할 리가 없다 □**都合** 형편, 사정 □**向けかえる** 방향을 바꾸다, 방향을 돌리다

「さすが詩人だけあって自由自在なものだね」

「金田の方へ断わったかい」と主人はまだ金田を気にしている。

「いいえ。断わる訳がありません。私の方でくれとも、貰いたいとも、先方へ申し込んだ事はありませんから、黙っていれば沢山です。——なあに黙ってても沢山ですよ。今時分は探偵が十人も二十人もかかって一部始終残らず知れていますよ」

探偵と言う言語を聞いた、主人は、急に苦い顔をして

「ふん、そんなら黙っていろ」と申し渡したが、それでも飽き足らなかったと見えて、なお探偵について下のような事をさも大議論のように述べられた。

「不用意の際に人の懐中を抜くのがすりで、不用意の際に

人の胸中を釣るのが探偵だ。知らぬ間に雨戸をはずして人の

所有品を盗むのが泥棒で、知らぬ間に口を滑らして人の心を

読むのが探偵だ。ダンビラを畳の上へ刺して無理に人の金銭

を着服するのが強盗で、おどし文句をいやに並べて人の意志

を強うるのが探偵だ。だから探偵と言う奴はすり、泥棒、強

盗の一族で到底人の風上に置けるものではない。そんな奴の

言う事を聞くと癖になる。決して負けるな」

　「なに大丈夫です、探偵の千人や二千人、風上に隊伍を整

えて襲撃したって怖くはありません。珠すりの名人理学士水

島寒月でさあ」

「ひやひや見上げたものだ。さすが新婚学士ほどあって元気旺盛なものだね。しかし苦沙弥さん。探偵がすり、泥棒、強盗の同類なら、その探偵を使う金田君のごときものは何の同類だろう」

「熊坂長範くらいなものだろう」

「熊坂はよかったね。一つと見えたる長範が二つになってぞ失せにけりと言うが、あんな烏金*で身代をつくった向横丁の長範なんかは業つく張りの、慾張り屋だから、いくつになっても失せる気遣いはないぜ。あんな奴につかまったら因果だよ。生涯たたるよ、寒月君用心したまえ」

□ひや 야아, 하아　□見上げる (〜げた의 꼴로) 훌륭하다고 생각하다, 감탄하다　□旺盛だ 왕성하다　□身代 (일신에 속한) 재산　□横丁 옆길, 골목　□業つく張り 욕심이 많고 고집이 셈　□慾張り屋 욕심쟁이　□失せる 사라지다, 죽다　□気遣い 염려, 걱정, 괘념　□つかまる(捕まる) (범인 등이) 잡히다　□因果 불행, 불운　□たたる 탈이 되다, 빌미가 되다　□用心 조심함, 주의, 경계함

***　烏金**　돈을 빌린 다음 날 까마귀가 울 무렵까지 갚지 않으면 안 되는 돈이라는 의미

「なあに、いいですよ。ああら物々し盗人よ。手並はさきにも知りつらん。それにも懲りず打ち入るかって、ひどい目に合せてやりまさあ」と寒月君は自若として宝生流に気炎を吐いて見せる。

「探偵と言えば二十世紀の人間はたいてい探偵のようになる傾向があるが、どう言う訳だろう」と独仙君は独仙君だけに時局問題には関係のない超然たる質問を呈出した。

「物価が高いせいでしょう」と寒月君が答える。

「芸術趣味を解しないからでしょう」と東風君が答える。

「人間に文明の角が生えて、金米糖のようにいらいらするからさ」と迷亭君が答える。

　今度は主人の番である。主人はもったい振った口調で、こんな議論を始めた。

　「それは僕が大分考えた事だ。僕の解釈によると当世人の探偵的傾向は全く個人の自覚心の強過ぎるのが原因になっている。僕の自覚心と名づけるのは独仙君の方で言う、見性成仏とか、自己は天地と同一体だとか言う悟道の類ではない。……」

　「おや大分むずかしくなって来たようだ。苦沙弥君、君にしてそんな大議論を舌頭に弄する以上は、かく申す迷亭も憚りながら御あとで現代の文明に対する不平を堂々と言うよ」
　「勝手に言うがいい、言う事もない癖に」

「ところがある。大いにある。君なぞはせんだっては刑事巡査を神のごとく敬い、また今日は探偵をすり泥棒に比し、まるで矛盾の変怪だが、僕などは終始一貫父母未生以前からただ今に至るまで、かつて自説を変じた事のない男だ」

「刑事は刑事だ。探偵は探偵だ。せんだってはせんだってで今日は今日だ。自説が変らないのは発達しない証拠だ。下愚は移らずと言うのは君の事だ。……」

「これはきびしい。探偵もそうまともにくると可愛いところがある」

「おれが探偵」

「探偵でないから正直でいいと言うのだよ。喧嘩はおやめおやめ。さあ。その大議論のあとを拝聴しよう」

□刑事 형사　□巡査 순사　□敬う 존경하다, 공경하다　□比する 비교하다　□変怪 괴물, 요괴, 화신　□終始一貫 시종일관　□父母未生以前 양친이 태어나기 전, 즉 자기가 전혀 존재하지 않았을 무렵　□自説 자기의 의견　□変ずる 변화하다, 바뀌다, 바꾸다　□証拠 증거　□拝聴 삼가 들음　□下愚は移らず 태어나면서 어리석은 사람은 항상 어리석다　□移る 변하다, 바뀌다　□まとも(真面) 정면

「今の人の自覚心と言うのは自己と他人の間に截然たる利害の鴻溝があると言う事を知り過ぎていると言う事だ。そうしてこの自覚心なるものは文明が進むに従って一日一日と鋭敏になって行くから、しまいには一挙手一投足も自然天然とは出来ないようになる。ヘンレーと言う人がスチーブンソンを評して彼は鏡のかかった部屋に入って、鏡の前を通る毎に自己の影を写して見なければ気が済まぬほど瞬時も自己を忘るる事の出来ない人だと評したのは、よく今日の趨勢を言いあらわしている。寝てもおれ、覚めてもおれ、このおれが至るところにつけまつわっているから、人間の行為言動が人工的にコセつくばかり、自分で窮屈になるばかり、世の中が苦しくなるばかり、ちょうど見合をする若い男女の心持ちで

□截然だ 구별이 확연하다　□鴻溝 큰 틈, 격차　□一挙手一投足 일거수일투족　□自然天然 자연스러움　□気が済む 만족하다, 걱정되는 일이 없어져 마음이 놓이다　□瞬時 순시, 순간　□趨勢 추세　□言いあらわす 말로 표현하다　□寝ても覚めても 자나깨나, 늘, 항상, 언제나　□～につけ ~에 관련시켜, ~이 있으면 그것과 함께　□まつわる 달라붙다, 매달리다　□コセつく 사소한 일에 얽매이다, 곰상스럽게 굴다　□見合をする 맞선을 보다

朝から晩までくらさなければならない。悠々とか従容とか言う字は画があって意味のない言葉になってしまう。この点において今代の人は探偵的である。泥棒的である。探偵は人の目を掠めて自分だけうまい事をしようと言う商売だから、勢い自覚心が強くならなくては出来ん。泥棒も捕まるか、見付かるかと言う心配が念頭を離れる事がないから、勢い自覚心が強くならざるを得ない。今の人はどうしたらおのれの利になるか、損になるかと寝ても醒めても考えつづけだから、勢い探偵泥棒と同じく自覚心が強くならざるを得ない。二六時中キョトキョト、コソコソして墓に入るまで一刻の安心も得ないのは今の人の心だ。文明の咒詛だ。馬鹿馬鹿しい」

「なるほど面白い解釈だ」と独仙君が言い出した。こんな問題になると独仙君はなかなか引込んでいない男である。「苦沙弥君の説明はよく我意を得ている。昔の人はおのれを忘れろと教えたものだ。今の人はおのれを忘れるなと教えるからまるで違う。二六時中おのれと言う意識をもって充満している。それだから二六時中太平の時はない。いつでも焦熱地獄だ。天下に何が薬だと言っておのれを忘れるより薬な事はない。三更月下無我に入るとはこの至境を詠じたものさ。今の人は親切をしても自然をかいている。イギリスのナイスなどと自慢する行為も存外自覚心が張り切れそうになっている。

□言い出す 말을 꺼내다　□引込む 물러나다　□我意を得る 자기 뜻과 같다　□充満 충만, 가득 참　□太平 태평　□焦熱地獄 초열지옥, 타는 듯이 뜨거운 지옥　□三更 삼경, 밤 1시부터 새벽 1시 사이　□三更月下無我に入る 한밤중 달빛 아래에서 무아의 경지에 든다　□至境 최고의 경지　□詠じる 읊다 ＝詠ずる　□しても 그렇지만, 가령 ~라고 하더라도　□かく(缺く) 결여하다, 없다, ~이 부족하다　□自慢 자랑　□張り切る 팽팽히 켕기다, 가득 차서 넘치다

英国の天子がインドへ遊びに行って、インドの王族と食卓を共にした時に、その王族が天子の前とも心づかずに、つい自国の我流を出してじゃがいもを手づかみで皿へとって、あとから真っ赤になってはじ入ったら、天子は知らん顔をしてやはり二本指でじゃがいもを皿へとったそうだ……」

「それがイギリス趣味ですか」これは寒月君の質問であった。

「僕はこんな話を聞いた」と主人が後をつける。

「やはり英国のある兵営で聯隊の士官が大勢して一人の下士官を御馳走した事がある。御馳走が済んで手を洗う水をガラス鉢へ入れて出したら、この下士官は宴会になれんと見えて、ガラス鉢を口へあてて中の水をぐうと飲んでしまった。

すると聯隊長が突然下士官の健康を祝すと言いながら、やはりフィンガー・ボールの水を一息に飲み干したそうだ。そこで並みいる士官も我劣らじと水盃を挙げて下士官の健康を祝したと言うぜ」

「こんな話もあるよ」とだまってる事の嫌な迷亭君が言った。「カーライルが始めて女皇に謁した時、宮廷の礼にならわぬ変物の事だから、先生突然どうですと言いながら、どさりと椅子へ腰をおろした。ところが女皇の後ろに立っていた大勢の侍従や官女がみんなくすくす笑い出した――出したのではない、出そうとしたのさ、すると女皇が後ろを向いて、ちょっと何か合図をしたら、大勢の侍従官女がいつの間にかみんな椅子へ腰をかけて、カーライルは面目を失わなかったと言うんだが随分御念の入った親切もあったもんだ」

□聯隊長 연대장　□祝す 축하하다 ＝祝する　□フィンガー・ボール 핑거볼　□一息に 단숨에
□飲み干す 다 마시다　□並みいる 한 자리에 나란히 앉아 있다　□我劣らじと 남에게 질세라, 서로
앞을 다투어　□水盃 물로 작별의 잔을 나눔　□女皇 여왕　□謁する 알현하다, (지체 높은 사람을) 뵙
다　□ならう 모방하다, 따르다　□変物 괴짜　□どさりと 털썩　□腰をおろす 앉다　□侍従 시종
□官女 나인, 궁녀　□くすくす 낄낄, 킥킥　□笑い出す 웃기 시작하다, 웃음을 터뜨리다　□合図 신
호　□腰をかける 걸터앉다　□面目を失う 면목을 잃다　□御念 배려, 정성들임

「カーライルの事なら、みんなが立ってても平気だったかも知れませんよ」と寒月君が短評を試みた。

「親切の方の自覚心はまあいいがね」と独仙君は進行する。

「自覚心があるだけ親切をするにも骨が折れる訳になる。気の毒な事さ。文明が進むに従って殺伐の気がなくなる、個人と個人の交際がおだやかになるなどと普通言うが大間違いさ。こんなに自覚心が強くって、どうしておだやかになれるものか。なるほどちょっと見ると極しずかで無事なようだが、御互の間は非常に苦しいのさ。ちょうど相撲が土俵の真ん中で四つに組んで動かないようなものだろう。傍から見ると平穏至極だが当人の腹は波を打っているじゃないか」

□短評 단평, 촌평　□試みる 시도해 보다　□訳になる 뜻이 되다, 이유가 되다　□殺伐 살벌함　□おだやかだ(穏やかだ) 온화하다, 차분하다　□大間違い 큰 잘못, 큰 착각　□極 매우, 극히　□無事だ 평온하다　□相撲 스모　□土俵 씨름판　□四つに組む 서로 양팔을 맞잡다　□傍 옆, 곁　□平穏だ 평온하다　□至極 더없음, ~하기 짝이 없다　□波を打つ 물결치다, 들썩거리다

「喧嘩も昔の喧嘩は暴力で圧迫するのだからかえって罪はなかったが、近頃じゃなかなか巧妙になってるからなおなお自覚心が増してくるんだね」と番が迷亭先生の頭の上に回って来る。

「ベーコンの言葉に自然の力に従って始めて自然に勝つとあるが、今の喧嘩は正にベーコンの格言通りに出来上ってるから不思議だ。ちょうど柔術のようなものさ。敵の力を利用して敵を倒す事を考える……」

「または水力電気のようなものですね。水の力に逆らわないでかえってこれを電力に変化して立派に役に立たせる……」と寒月君が言いかけると、独仙君がすぐそのあとを引き取った。「だから貧時には貧に縛せられ、富時には富に縛せられ、

□圧迫 압박　□巧妙だ 교묘하다　□なおなお 더욱더, 한층 ＝ますます　□増す 많아지다, 늘다
□ベーコン 영국의 중세 철학자　□正に 확실히, 틀림없이　□格言 격언　□出来上がる 다 되다, 완성되다　□柔術 유도　□倒す 쓰러뜨리다　□逆らう 거스르다　□引き取る (말끝을) 이어받아 말하다　□貧 가난함　□縛する 자유를 속박하다　□富 부유함

憂時には憂に縛せられ、喜時には喜に縛せられるのさ。才人は才に倒れ、智者は智に敗れ、苦沙弥君のような癇癪持ちは癇癪を利用さえすればすぐに飛び出して敵のぺてんにかかる……」

「ひやひや」と迷亭君が手をたたくと、苦沙弥先生はにやにや笑いながら「これでなかなかそう甘くは行かないのだよ」と答えたら、みんな一度に笑い出した。

「時に金田のようなのは何で倒れるだろう」

「女房は鼻で倒れ、主人は因業で倒れ、子分は探偵で倒れか」

「娘は？」

□憂 걱정, 근심　□喜 기쁨　□才人 재인, 재사, 재주꾼　□倒れる 쓰러지다　□智者 지자, 지혜로운 사람 ＝知者　□敗れる 패하다, 지다　□癇癪持ち 불뚱이, 화 잘 내는 성질　□癇癪 짜증　□ぺてん 속임, 속임수, 사기　□かかる 걸려들다　□甘く行く 일이 잘 되어가다　□時に 그런데　□因業 인업, 악업

「娘は——娘は見た事がないから何とも言えないが——まず着倒れか、食い倒れ、もしくは飲んだくれの類だろう。よもや恋い倒れにはなるまい。ことによると卒塔婆小町のように行き倒れになるかも知れない」

「それは少しひどい」と新体詩を捧げただけに東風君が異議を申し立てた。

「だから応無所住而生其心と言うのは大事な言葉だ、そう言う境界に至らんと人間は苦しくてならん」と独仙君しきりに独り悟ったような事を言う。

「そう威張るもんじゃないよ。君などはことによると電光影裏にさか倒れをやるかも知れないぜ」

「とにかくこの勢いで文明が進んで行った日にゃ僕は生きてるのはいやだ」と主人がいい出した。

「遠慮はいらないから死ぬさ」と迷亭が言下に道破する。

「死ぬのはなおいやだ」と主人がわからん強情を張る。

「生れる時には誰も熟考して生れるものは有りませんが、死ぬ時には誰も苦にすると見えますね」と寒月君がよそよそしい格言をのべる。

「金を借りるときには何の気なしに借りるが、返す時にはみんな心配するのと同じ事さ」と、こんな時にすぐ返事の出来るのは迷亭君である。

　「借りた金を返す事を考えないものは幸福であるごとく、死ぬ事を苦にせんものは幸福さ」と、独仙君は超然として出世間的である。

　「君のように言うとつまり図太いのが悟ったのだね」

　「そうさ、禅語に鉄牛面の鉄牛心、牛鉄面の牛鉄心と言うのがある」

　「そうして君はその標本と言う訳かね」

　「そうでもない。しかし死ぬのを苦にするようになったのは神経衰弱と言う病気が発明されてから以後の事だよ」

　「なるほど君などはどこから見ても神経衰弱以前の民だよ」

　迷亭と独仙が妙な掛合をのべつにやっていると、主人は寒月東風二君を相手にしてしきりに文明の不平を述べている。

「どうして借りた金を返さずに済ますかが問題である」

「そんな問題はありませんよ。借りたものは返さなくちゃなりませんよ」

「まあさ。議論だから、だまって聞くがいい。どうして借りた金を返さずに済ますかが問題であるごとく、どうしたら死なずに済むかが問題である。いな問題であった。錬金術はこれである。すべての錬金術は失敗した。人間はどうしても死ななければならん事が分明になった」

「錬金術以前から分明ですよ」

「まあさ、議論だから、だまって聞いていろ。いいかい。どうしても死ななければならん事が分明になった時に第二の問題が起る」

□済ます 때우다, 해결하다　□まあさ 자, 뭐, 말하자면　□いな(否) (문어) 아니, 아니오　□錬金術 연금술　□分明だ 분명하다 ＝ぶんめい

「へえ」

「どうせ死ぬなら、どうして死んだらよかろう。これが第二の問題である。自殺クラブはこの第二の問題と共に起るべき運命を有している」

「なるほど」

「死ぬ事は苦しい、しかし死ぬ事が出来なければなお苦しい。神経衰弱の国民には生きている事が死よりもはなはだしき苦痛である。従って死を苦にする。死ぬのが厭だから苦にするのではない、どうして死ぬのが一番よかろうと心配するのである。只大抵のものは智恵が足りないから自然のままに放擲して置くうちに、世間がいじめ殺してくれる。しかし一癖あるものは世間からなし崩しにいじめ殺されて満足するものではない。必ずや死に方に付いて種々考究の結果、嶄新な

□クラブ 클럽　□はなはだしい(甚だしい) 매우 심하다, 대단하다　□智恵 지혜, 슬기　□放擲 방척, 포척, 내던짐, 내버림　□いじめ殺す 괴롭혀 죽이다　□一癖 특이한 성질, 보통내기가 아님　□なし崩し 조금씩 처리함　□必ずや 필시, 반드시　□種々だ 가지가지다, 여러 가지다　□考究 연구　□嶄新だ 매우 새롭다, 참신하다 ＝斬新だ

名案を呈出するに違いない。だからして世界向後の趨勢は自殺者が増加して、その自殺者が皆独創的な方法をもってこの世を去るに違いない」

「大分物騒な事になりますね」

「なるよ。たしかになるよ。アーサー・ジョーンスと言う人のかいた脚本のなかにしきりに自殺を主張する哲学者があって……」

「自殺するんですか」

「ところが惜しい事にしないのだがね。しかし今から千年も立てばみんな実行するに相違ないよ。万年の後には死と言えば自殺よりほかに存在しないもののように考えられるようになる」

「大変な事になりますね」

「なるよきっとなる。そうなると自殺も大分研究が積んで

立派な科学になって、落雲館のような中学校で倫理の代りに

自殺学を正科として授けるようになる」

「妙ですな、傍聴に出たいくらいのものですね。迷亭先生

御聞きになりましたか。苦沙弥先生の御名論を」

「聞いたよ。その時分になると落雲館の倫理の先生はこう

言うね。諸君公徳などと言う野蛮の遺風を墨守してはなりま

せん。世界の青年として諸君が第一に注意すべき義務は自殺

である。しかしておのれの好むところはこれを人に施こして

可なる訳だから、自殺を一歩展開して他殺にしてもよろしい。

□積む 쌓다, 쌓이다　□倫理 윤리, 도덕　□代り 대리, 대신　□正科 정규 과목, 정식 학과　□授ける
전수하다　□傍聴 방청　□公徳 공중 도덕　□野蛮 야만　□遺風 유풍　□墨守 묵수, 고수, 굳게 지킴
□しかして 그러나, 그런데, 그리고　□施こす 베풀다, 행하다, 가하다 〈行(おこな)う의 격식 차린 말씨〉
□可 좋음, 허락함

ことに表の窮措大珍野苦沙弥氏のごときものは生きてござる
のが大分苦痛のように見受けらるるから、一刻も早く殺して
進ぜるのが諸君の義務である。もっとも昔と違って今日は開
明の時節であるから槍、薙刀もしくは飛道具の類を用いるよ
うな卑怯な振舞をしてはなりません。只あてこすりの高尚
なる技術によって、からかい殺すのが本人のため功徳にもな
り、また諸君の名誉にもなるのであります。……」

　「なるほど面白い講義をしますね」

　「まだ面白い事があるよ。現代では警察が人民の生命財産
を保護するのを第一の目的としている。ところがその時分に
なると巡査が犬殺しのような棍棒をもって天下の公民を撲殺
してあるく。……」

「なぜです」

「なぜって今の人間は生命が大事だから警察で保護するんだが、その時分の国民は生きてるのが苦痛だから、巡査が慈悲のために打ち殺してくれるのさ。もっとも少し気の利いたものは大概自殺してしまうから、巡査に打ち殺されるような奴はよくよくの意気地なしか、自殺の能力のない白痴もしくは不具者に限るのさ。それで殺されたい人間は門口へ張札をして置くのだね。なに只、殺されたい男ありとか女ありとか、はりつけて置けば巡査が都合のいい時に回ってきて、すぐ志望通り取計ってくれるのさ。死骸かね。死骸はやっぱり巡査が車を引いて拾ってあるくのさ。まだ面白い事が出来てくる。……」

□**慈悲** 자비　□**打ち殺す** 쳐 죽이다, 때려죽이다　□**気が利く** 빈틈없다, 재치 있다, 눈치 빠르다　□**よくよく** 몹시, 어지간히, 더할 나위 없이　□**意気地なし** 패기가 없음, 그런 사람　□**白痴** 백치　□**不具者** 불구자　□**門口** 집의 출입구, 문간　□**張札** 벽보　□**はりつける** (풀 따위로) 붙이다　□**都合がいい** 형편이 좋다　□**志望** 지망, 바람　□**取計う** 처리하다, 조치하다, 배려하다　□**死骸** 시체, 송장

「どうも先生の冗談は際限がありませんね」と東風君は大いに感心している。すると独仙君は例の通り山羊髯を気にしながら、のそのそ弁じ出した。

「冗談と言えば冗談だが、予言と言えば予言かも知れない。真理に徹底しないものは、とかく眼前の現象世界に束縛せられて泡沫の夢幻を永久の事実と認定したがるものだから、少し飛び離れた事を言うと、すぐ冗談にしてしまう」

「燕雀焉んぞ大鵬の 志 を知らんやですね」と寒月君が恐れ入ると、独仙君はそうさと言わぬばかりの顔付で話を進める。

– 중략 –

「明治の御代に生れて幸いさ。僕などは未来記を作るだけ
あって、頭脳が時勢より一、二歩ずつ前へ出ているからちゃ
んと今から独身でいるんだよ。人は失恋の結果だなどと騒ぐ
が、近眼者の視るところは実に哀れな程浅薄なものだ。それ
はとにかく、未来記の続きを話すとこうさ。その時一人の
哲学者が天降って破天荒の真理を唱道する。その説に曰く
さ。人間は個性の動物である。個性を滅すれば人間を滅する
と同結果に陥る。いやしくも人間の意義を完からしめんた
めには、いかなる値を払うとも構わないからこの個性を保持
すると同時に発達せしめなければならん。かの陋習に縛せら
れて、いやいやながら結婚を執行するのは人間自然の傾向に

反した蛮風であって、個性の発達せざる蒙昧の時代はいざ知らず、文明の今日なおこの弊竇に陥って恬として顧みないのははなはだしき謬見である。開化の高潮度に達せる今代において二個の個性が普通以上に親密の程度をもって連結され得べき理由のあるべきはずがない。この観易き理由あるにも関らず無教育の青年男女が一時の劣情に駆られて、漫に合巹の式を挙ぐるは悖徳没倫のはなはだしき所為である。吾人は人道のため、文明のため、彼ら青年男女の個性保護のため、全力を挙げこの蛮風に抵抗せざるべからず……」

「先生、私はその説には全然反対です」と東風君はこの時思い切った調子でぴたりと平手で膝頭を叩いた。「私の考では世の中に何が尊いと言って愛と美程尊いものはないと

□反する 반하다, 반대되다 □蛮風 야만적인 풍습 □蒙昧 몽매 □いざ知らず 어떨지 모르지만, 어찌 되었건 □弊竇 폐해 ＝弊害(へいがい) □恬として 태연히 〈뒤에 부정어가 옴〉 □顧みる 돌이켜 보다, 반성하다 □謬見 그릇된 견해, 생각 □観易い 알기 쉽다 〈観易きは 문어체에서 쓰이는 観易い의 연체형〉 □劣情 열정, 저속한 마음 □駆られる 사로잡히다 □漫に 무분별하게, 함부로 □合巹の式 혼례, 결혼식을 올리는 일 □挙ぐる 올리다 □悖徳 도리에 어긋남 □悖徳没倫 패덕몰륜, 도덕에 어긋나고 윤리가 없음 □所為 행위, 소행 □思い切った 대담한 □ぴたりと 딱 □平手 손바닥 □膝頭 무릎, 무릎의 관절 부분 □考 연구, 고 □尊い 귀중하다, 소중하다 ＝とうとい

思います。吾々を慰藉し、吾々を完全にし、吾々を幸福にするのは全く両者の御蔭であります。吾人の情操を優美にし、品性を高潔にし、同情を洗錬するのは全く両者の御蔭であります。だから吾人はいつの世いずくに生れてもこの二つのものを忘れる事が出来ないです。この二つの者が現実世界にあらわれると、愛は夫婦と言う関係になります。美は詩歌、音楽の形式に分れます。それだからいやしくも人類の地球の表面に存在する限りは夫婦と芸術は決して滅する事はなかろうと思います」

「なければ結構だが、今哲学者が言った通りちゃんと滅してしまうから仕方がないと、あきらめるさ。なに芸術だ？

□慰藉 위로　□御蔭 덕분, 덕택　□情操 정조, 가장 복잡한 고차원의 감정　□優美 우미, 우아하고 아름다움　□品性 품성　□高潔 고결　□洗練 세련　□いずく 어디 ＝いずこ

芸術だって夫婦と同じ運命に帰着するのさ。個性の発展というのは個性の自由と言う意味だろう。個性の自由と言う意味はおれはおれ、人は人と言う意味だろう。その芸術なんか存在出来る訳がないじゃないか。芸術が繁昌するのは芸術家と享受者の間に個性の一致があるからだろう。君がいくら新体詩家だって踏張っても、君の詩を読んで面白いと言うものが一人もなくっちゃ、君の新体詩も御気の毒だが君よりほかに読み手はなくなる訳だろう。鴛鴦歌をいく篇作ったって始まらないやね。幸いに明治の今日に生れたから、天下が挙って愛読するのだろうが……」

　「いえそれほどでもありません」

　「今でさえそれほどでなければ、人文の発達した未来即ち例の一大哲学者が出て非結婚論を主張する時分には誰も読み手はなくなるぜ。いや君のだから読まないのじゃない。人々個々おのおの特別の個性をもってるから、人の作った詩文などは一向面白くないのさ。現に今でも英国などではこの傾向がちゃんとあらわれている。現今英国の小説家中でもっとも個性のいちじるしい作品にあらわれた、メレジスを見たまえ、ジェームスを見たまえ。読み手は極めて少ないじゃないか。少ない訳さ。あんな作品はあんな個性のある人でなければ読んで面白くないんだから仕方がない。この傾向がだんだん発達して婚姻が不道徳になる時分には芸術も完く滅亡さ。そうだろう、君のかいたものは僕にわからなくなる、僕のかいたものは君にわからなくなった日にゃ、君と僕の間には芸術も糞もないじゃないか」

112

　「そりゃそうですけれども、私はどうも直覚的にそう思われないんです」

　「君が直覚的にそう思われなければ、僕は曲覚的にそう思うまでさ」

　「曲覚的かも知れないが」と今度は独仙君が口を出す。

　「とにかく人間に個性の自由を許せば許す程御互いの間が窮屈になるに相違ないよ。ニーチェが超人なんか担ぎ出すのも全くこの窮屈のやりどころがなくなって仕方なしにあんな哲学に変形したものだね。ちょっと見るとあれがあの男の理想のように見えるが、ありゃ理想じゃない、不平さ。個性の発展した十九世紀にすくんで、隣の人には心置なく滅多に寝返りも打てないから、大将少しやけになってあんな乱暴を

かき散らしたのだね。あれを読むと壮快と言うよりむしろ気
の毒になる。あの声は勇猛精進の声じゃない、どうしても
怨恨痛憤の音だ。それもそのはずさ、昔は一人えらい人があ
れば天下翕然としてその旗下にあつまるのだから、愉快なも
のさ。こんな愉快が事実に出てくれば何もニーチェみたよう
に筆と紙の力でこれを書物の上にあらわす必要がない。だか
らホーマーでもチェビ・チェーズでも同じく超人的な性格を
写しても感じがまるで違うからね。陽気ださ。愉快にかいて
ある。愉快な事実があって、この愉快な事実を紙に写しかえ
たのだから、苦味はないはずだ。ニーチェの時代はそうは行
かないよ。英雄なんか一人も出やしない。出たって誰も英雄
と立てやしない。昔は孔子がたった一人だったから、孔子も

幅を利かしたのだが、今は孔子がいく人もいる。ことによると天下がことごとく孔子かも知れない。だからおれは孔子だよと威張っても圧が利かない。利かないから不平だ。不平だから超人などを書物の上だけで振り回すのさ。吾人は自由を欲して自由を得た。自由を得た結果不自由を感じて困っている。　それだから西洋の文明などはちょっといいようでもつまり駄目なものさ。これに反して東洋じゃ昔から心の修行をした。　その方が正しいのさ。見たまえ個性発展の結果みんな神経衰弱を起して、始末がつかなくなった時、王者の民蕩々たりと言う句の価値を始めて発見するから。無為にして化すと言う語の馬鹿に出来ない事を悟るから。しかし悟ったってその時はもうしようがない。アルコール中毒に罹って、ああ、酒を飲まなければよかったと考えるようなものさ」

「先生方は大分厭世的な御説のようだが、私は妙ですね。いろいろ伺っても何とも感じません。どう言うものでしょう」と寒月君が言う。

「そりゃ妻君を持ち立てだからさ」と迷亭君がすぐ解釈した。すると主人が突然こんな事を言い出した。

「妻を持って、女はいいものだなどと思うと飛んだ間違になる。参考のためだから、おれが面白い物を読んで聞かせる。よく聞くがいい」と最前書斎から持って来た古い本を取り上げて

「この本は古い本だが、この時代から女のわるい事は歴然と分ってる」と言うと、寒月君が

「少し驚きましたな。元来いつ頃の本ですか」と聞く。

「タマス・ナッシと言って十六世紀の著書だ」

「いよいよ驚ろいた。その時分すでに私の妻の悪口を言ったものがあるんですか」

「いろいろ女の悪口があるが、その内には是非君の妻も入る訳だから聞くがいい」

「ええ、聞きますよ。ありがたい事になりましたね」

「まず古来の賢哲が女性観を紹介すべしと書いてある。いいかね。聞いてるかね」

「みんな聞いてるよ。独身の僕まで聞いてるよ」

「アリストートル曰く女はどうせ碌でなしなれば、嫁をとるなら、大きな嫁より小さな嫁をとるべし。大きな碌でなしより、小さな碌でなしの方が災い少なし……」

□タマス・ナッシ 토머스 내시, 영국의 작가　□ありがたい 고맙다, 반갑다, 다행스럽다　□古来 예로부터　□賢哲 어질고 사리에 밝음, 또는 그런 사람　□碌でなし 녹록한 사람, 변변치 않은 사람, 쓸모 없는 사람　□嫁をとる 며느리를 맞다, 장가들다　□災い 재앙, 재난, 화

「寒月君の妻君は大きいかい、小さいかい」

「大きな碌でなしの部ですよ」

「ハハハハ、こりゃ面白い本だ。さああとを読んだ」

「ある人問う、いかなるかこれ最大奇蹟。賢者答えて曰く、貞婦……」

「賢者ってだれですか」

「名前は書いてない」

「どうせ振られた賢者に相違ないね」

「次にはダイオジニスが出ている。ある人問う、妻の娶るいずれの時においてすべきか。ダイオジニス答えて曰く青年は未だし、老年はすでに遅し。とある」

「先生たるの中で考えたね」

「ピサゴラス曰く天下に三の恐るべきものあり曰く火、曰く水、曰く女」

「ギリシャの哲学者などは存外迂潤な事を言うものだね。僕に言わせると天下に恐るべきものなし。火に入って焼けず、水に入って溺れず……」だけで独仙君ちょっと行き詰る。

「女に逢ってとろけずだろう」と迷亭先生が援兵に出る。主人はさっさとあとを読む。

「ソクラチスは婦女子を御するは人間の最大難事と言えり。デモスセニス曰く人もしその敵を苦しめんとせば、わが女を敵に与うるより策の得たるはあらず。家庭の風波に日となく夜となく彼を困憊起つあたわざるに至らしむるを得ればなりと。

セネカは婦女と無学をもって世界における二大厄とし、マーカス・オーレリアスは女子は制御し難き点において船舶に似たりと言い、プロータスは女子が綺羅を飾るの性癖をもってその天稟の醜を蔽うの陋策にもとづくものとせり。バレリアスかつて書をその友某におくって告げて曰く天下に何事も女子の忍んでなし得ざるものあらず。願わくは皇天憐れみを垂れて、君をして彼らの術中に陥らしむるなかれと。彼また曰く女子とは何ぞ。友愛の敵にあらずや、避くべからざる苦しみにあらずや、必然の害にあらずや、自然の誘惑にあらずや、蜜に似たる毒にあらずや。もし女子を棄つるが不徳ならば、彼らを棄てざるは一層の呵責と言わざるべからず……」

□セネカ 세네카, 고대 로마의 철학자　□婦女 부녀, 여자　□無学 학문 지식이 없음　□厄 액, 재난
□마카스・오레리아스 마르쿠스 아우렐리우스, 고대 로마의 황제　□制御 제어　□프로타스
플라우투스, 고대 로마의 희극 작가　□綺羅を飾る 아름다운 옷으로 화려하게 차려입다　□性癖 성
벽, 버릇　□天稟 천품, 천성　□醜 보기 흉함, 수치　□蔽う 덮다, 가리다, 막다　□陋策 졸렬한 책략
□바레리아스 발레리우스, 고대 로마의 사학자　□友某 아무개 친구　□忍ぶ 남의 눈에 띠지 않게 행
동하다, 남모르게 하다, 숨다　□願わくは 바라건대　□皇天 천신, 천제, 상제　□憐れみ 동정, 연민,
자비　□垂れる 베풀다　□術中 계략, 꾸며진 함정　□陥る (계략에) 걸려 들다　□避く (문어) 피하다,
멀리하다 ＝避ける　□蜜 꿀　□呵責 가책

「もう沢山です、先生。そのくらい愚妻の悪口を拝聴すれ
ば申し分はありません」

「まだ四、五ページあるから、ついでに聞いたらどうだ」

「もう大抵にするがいい。もう奥方の御帰りの刻限だろう」

と迷亭先生がからかい掛けると、茶の間の方で

「清や、清や」と細君が下女を呼ぶ声がする。

「こいつは大変だ。奥方はちゃんといるぜ、君」

「ウフフフフ」と主人は笑いながら「構うものか」と言っ
た。

「奥さん、奥さん。いつの間に御帰りですか」

茶の間ではしんとして答がない。

「奥さん、今のを聞いたんですか。え？」

答はまだない。

□もう沢山だ 이것으로 충분하다, 이제 됐다　□愚妻 우처, 자기 아내의 겸사말　□申し分ない 나무
랄 데 없다, 부족한 바가 없다　□奥方 귀인의 아내, 마님　□刻限 정해진 시각, 시간　□からかい掛け
る 놀려대다　□茶の間 다실, 거실　□しんと 소리 하나 없이 조용한 모양, 잠잠히

「今のはね、御主人の御考えではないですよ。十六世紀の
ナッシ君の説ですから御安心なさい」

「存じません」と妻君は遠くで簡単な返事をした。寒月君
はくすくすと笑った。

「私も存じませんで失礼しましたアハハハハ」と迷亭君は
遠慮なく笑ってると、門口をあらあらしくあけて、頼むとも、
御免とも言わず、大きな足音がしたと思ったら、座敷の唐紙
が乱暴にあいて、多々良三平君の顔がその間からあらわれた。

三平君今日はいつに似ず、真っ白なシャツに下ろし立ての
フロックを着て、すでにいく分か相場を狂わせてる上へ、右
の手へ重そうに下げた四本のビールを縄ぐるみ、鰹節の傍へ
置くと同時に挨拶もせず、どっかと腰を下ろして、かつ膝を
崩したのは目覚しい武者振である。

「先生胃病は近来いいですか。こうやって、うちにばかり
いなさるから、いかんたい」

「まだ悪いとも何ともいやしない」

「いわんばってんが、顔色がよかなかごたる。先生顔色が
黄ですばい。近頃は釣がいいです。品川から舟を一艘雇うて
——私はこの前の日曜に行きました」

「何か釣れたかい」

「何も釣れません」

「釣れなくっても面白いのかい」

「浩然の気を養うたい、あなた。どうですあなたがた。釣
に行った事がありますか。面白いですよ釣は。大きな海の上
を小舟で乗り回してあるくのですからね」と誰彼の容赦なく
話しかける。

□いかん 쿠마모토 방언 ＝〜이케나이・駄目だ　□〜たい 쿠마모토 방언, 자기의 뜻을 강하게 표현하는
말 ＝〜よ　□ばってん 쿠마모토 방언, 〜하지만 ＝しかし, しかしながら, だろうけれども　□よか 쿠
마모토 방언 ＝よく　□なか 쿠마모토 방언 ＝ない　□ごたる 쿠마모토 방언 ＝〜のようだ　□〜ば
い 쿠마모토 방언, 자기의 뜻을 강하게 표현하는 말 ＝〜のよ　□艘 작은 배를 세는 말, 〜척　□雇
う 세내다　□浩然の気 호연지기　□養う 기르다, 양성하다　□乗り回す (탈것을) 타고 돌아다니다　□誰彼
이 사람 저 사람　□容赦なく 가차 없이

「僕は小さな海の上を大船で乗り回してあるきたいんだ」と
迷亭君が相手になる。

「どうせ釣るなら、鯨か人魚でも釣らなくっちゃ、つまら
ないです」と寒月君が答えた。

「そんなものが釣れますか。文学者は常識がないですね。
……」

「僕は文学者じゃありません」

「そうですか、何ですかあなたは。私のようなビジネスマ
ンになると常識が一番大切ですからね。先生私は近来よっぽ
ど常識に富んで来ました。どうしてもあんな所にいると、傍
が傍だから、おのずから、そうなってしまうです」

「どうなってしまうのだ」

　「煙草でもですね、朝日や、敷島をふかしていては幅が利かんです」と言いながら、吸口に金箔のついたエジプト煙草を出して、すぱすぱ吸い出した。

　「そんな贅沢をする金があるのかい」

　「金はなかばってんが、今にどうかなるたい。この煙草を吸ってると、大変信用が違います」

　「寒月君が珠を磨くよりも楽な信用でいい、手数がかからない。軽便信用だね」と迷亭が寒月にいうと、寒月が何とも答えない間に、三平君は

　「あなたが寒月さんですか。博士にゃ、とうとうならんですか。あなたが博士にならんものだから、私が貰う事にしました」

□**敷島** 시키시마(담배 이름)　□**ふかす(吹かす)** (담배를) 피다, (연기를) 내뿜다　□**幅が利く** 얼굴이 넓다, 세력이 미치다, 말발이 서다　□**吸口** (담배대 등의) 입에 물고 빠는 부분, 물부리　□**金箔** 금박　□**エジプト** 이집트　□**すぱすぱ** 담배를 연달아 피는 모양, 뻐끔뻐끔　□**贅沢** 사치, 사치스러움, 분에 넘침　□**今に** 이제, 이제 곧, 머지 않아　□**手数がかかる** 손이 많이 가다　□**軽便だ** 간편하다　□**貰う** (아내·사위를) 맞이하다

「博士をですか」

「いいえ、金田家の令嬢をです。実は御気の毒と思うたですたい。しかし先方で是非貰うてくれ貰うてくれと言うから、とうとう貰う事に決めました、先生。しかし寒月さんに義理がわるいと思って心配しています」

「どうか御遠慮なく」と寒月君が言うと、主人は

「貰いたければ貰ったら、いいだろう」と曖昧な返事をする。

「そいつはおめでたい話だ。だからどんな娘を持っても心配するがものはないんだよ。だれか貰うと、さっき僕が言った通り、ちゃんとこんな立派な紳士のおむこさんが出来たじゃないか。東風君新体詩の種が出来た。早速とりかかりたまえ」

□**義理** 의리, 바른 도리　□**曖昧だ** 애매하다　□**おめでたい** 경사스럽다　□**紳士** 신사　□**むこ** 신랑, 사위　□**種** (이야기나 소설 등의) 재료, 거리　□**とりかかる** 착수하다, 시작하다

と迷亭君が例のごとく調子づくと三平君は

「あなたが東風君ですか、結婚の時に何か作ってくれませんか。すぐ活版にして方々へくばります。太陽へも出してもらいます」

「ええ何か作りましょう、いつ頃御入用ですか」

「いつでもいいです。今まで作ったうちでもいいです。その代りです。披露のとき呼んで御馳走するです。シャンパンを飲ませるです。君、シャンパンを飲んだ事がありますか。シャンパンは旨いです。——先生披露会のときに楽隊を呼ぶつもりですが、東風君の作を譜にして奏したらどうでしょう」

「勝手にするがいい」

□調子づく 가락이 나다, 궤도에 오르다, 우쭐해지다　□活版 활판　□くばる(配る) 나누어주다, 배부하다　□方々 사방, 여기저기　□太陽 메이지 28년(1895년) 창간된 월간 종합 잡지　□入用だ 소용되다, 필요하다　□披露 피로　□シャンパン 샴페인　□譜 악보　□奏する 연주하다

「先生、譜にして下さらんか」

「馬鹿言え」

「だれか、このうちに音楽の出来るものはおらんですか」

「落第の候補者寒月君はバイオリンの妙手だよ。しっかり頼んで見たまえ。しかしシャンパンぐらいじゃ承知しそうもない男だ」

「シャンパンもですね。一瓶四円や五円のじゃよくないです。私の御馳走するのはそんな安いのじゃないですが、君一つ譜を作ってくれませんか」

「ええ作りますとも、一瓶二十銭のシャンパンでも作ります。なんならただでも作ります」

「ただは頼みません、御礼はするです。シャンパンがいやなら、こう言う御礼はどうです」と言いながら上着の隠しのなかから七、八枚の写真を出してばらばらと畳の上へ落す。半身がある。全身がある。立ってるのがある。座ってるのがある。袴をはいてるがある。振袖がある。高島田がある。ことごとく妙齢の女子ばかりである。

「先生候補者がこれだけあるです。寒月君と東風君にこのうちどれか御礼に周旋してもいいです。こりゃどうです」と一枚寒月君につき付ける。

「いいですね。是非周旋を願いましょう」

「これでもいいですか」とまた一枚つき付ける。

「それもいいですね。是非周旋して下さい」

「どれをです」

「どれでもいいです」

「君なかなか多情ですね。先生、これは博士の姪です」

「そうか」

「この方は性質が極いいです。年も若いです。これで十七です。──これなら持参金が千円あります。──こっちのは知事の娘です」と一人で弁じ立てる。

「それをみんな貰う訳にゃいかないでしょうか」

「みんなですか、それはあまり慾張りたい。君一夫多妻主義ですか」

「多妻主義じゃないですが、肉食論者です」

「何でもいいから、そんなものは早くしまったら、よかろう」と主人は叱りつけるように言い放ったので、三平君は

「それじゃ、どれも貰わんですね」と念を押しながら、写真を一枚一枚にポッケットへ収めた。

「何だいそのビールは」

「御土産でござります。前祝に角の酒屋で買うて来ました。一つ飲んで下さい」

主人は手を打って下女を呼んで栓を抜かせる。主人、迷亭、独仙、寒月、東風の五君は 恭 しくコップを捧げて、三平君の艶福を祝した。三平君は大いに愉快な様子で

「ここにいる諸君を披露会に招待しますが、みんな出てく
れますか、出てくれるでしょうね」と言う。

「おれはいやだ」と主人はすぐ答える。

「なぜですか。私の一生に一度の大礼ですばい。出てくん
なさらんか。少し不人情のごたるな」

「不人情じゃないが、おれは出ないよ」

「着物がないですか。羽織と袴ぐらいどうでもしますたい。
ちと人中へも出るがよかたい先生。有名な人に紹介して上げ
ます」

「真っ平ご免だ」

「胃病が治りますばい」

「治らんでも差支えない」

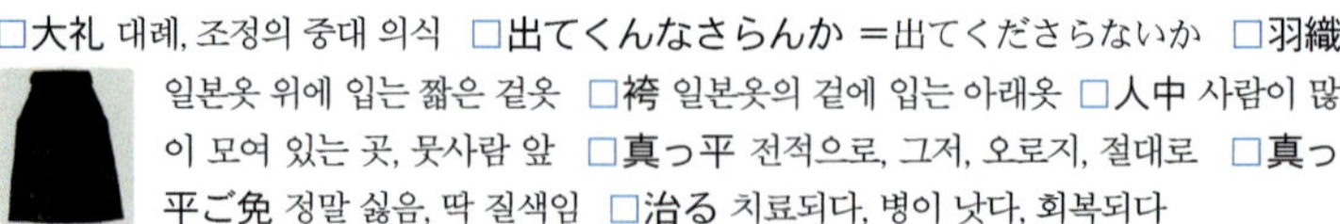

「そげん頑固張りなさるならやむを得ません。あなたはどうです来てくれますか」

「僕かね、是非行くよ。出来るなら媒酌人たるの栄を得たいくらいのものだ。シャンパンの三々九度や春の宵。——なに仲人は鈴木の藤さんだって？　なるほどそこいらだろうと思った。これは残念だが仕方がない。仲人が二人出来ても多過ぎるだろう、只の人間として正に出席するよ」

「あなたはどうです」

「僕ですか、一竿の風月閑生計、人は釣りす白蘋紅蓼の間*」

「何ですかそれは、唐詩選ですか」

「何だかわからんです」

「わからんですか、困りますな。寒月君は出てくれるでしょうね。今までの関係もあるから」

「きっと出る事にします、僕の作った曲を楽隊が奏するのを、きき落すのは残念ですからね」

「そうですとも。君はどうです東風君」

「そうですね。出て御両人の前で新体詩を朗読したいです」

「そりゃ愉快だ。先生私は生れてから、こんな愉快な事はないです。だからもう一杯ビールを飲みます」と自分で買って来たビールを一人でぐいぐい飲んで真っ赤になった。

　短い秋の日はようやく暮れて、巻煙草の死骸が算を乱す火鉢のなかを見れば火はとくの昔に消えている。さすが呑気の連中も少しく興が尽きたと見えて、

　「大分遅くなった。もう帰ろうか」とまず独仙君が立ち上がる。つづいて「僕も帰る」と口々に玄関に出る。寄席がはねたあとのように座敷は淋しくなった。

　主人は夕飯をすまして書斎に入る。妻君は肌寒の襦袢の襟をかき合せて、洗い晒しの不断着を縫う。子供は枕を並べて寝る。下女は湯に行った。

　呑気と見える人々も、心の底を叩いて見ると、どこか悲しい音がする。悟ったようでも独仙君の足はやはり地面のほかは踏まぬ。気楽かも知れないが迷亭君の世の中は絵にかいた世の中ではない。寒月君は珠磨りをやめてとうとう御国から奥さんを連れて来た。これが順当だ。しかし順当が永く続くと定めし退屈だろう。東風君も今十年したら、無暗に新体詩を捧げる事の非を悟るだろう。三平君に至っては水に住む人か、山に住む人かちと鑑定がむずかしい。生涯シャンパンを御馳走して得意と思う事が出来れば結構だ。鈴木の藤さんはどこまでも転がって行く。転がれば泥が付く。泥が付いても

転がれぬものよりも幅が利く。猫と生れて人の世に住む事も
はや二年越しになる。自分ではこれほどの見識家はまたとあ
るまいと思うていたが、先達てカーテル・ムルと言う見ず知
らずの同族が突然大気炎を揚げたので、ちょっとびっくりし
た。よくよく聞いて見たら、実は百年前に死んだのだが、ふ
とした好奇心からわざと幽霊になって吾輩を驚かせるため
に、遠い冥土から出張したのだそうだ。この猫は母と対面を
するとき、挨拶のしるしとして、一匹の魚をくわえて出掛け
たところ、途中でとうとう我慢がし切れなくなって、自分で

食ってしまったと言う程の不孝ものだけあって、才気もなか
なか人間に負けぬ程で、ある時などは詩を作って主人を驚か
した事もあるそうだ。こんな豪傑がすでに一世紀も前に出現
しているなら、吾輩のような碌でなしはとうに御暇を頂戴し
て無何有の郷に帰臥してもいいはずであった。

　主人は早晩胃病で死ぬ。金田のじいさんは慾でもう死んで
いる。秋の木の葉は大概落ち尽した。死ぬのが万物の定業で、
生きていてもあんまり役に立たないなら、早く死ぬだけが賢
いかも知れない。諸先生の説に従えば人間の運命は自殺に帰
するそうだ。油断をすると猫もそんな窮屈な世に生れなくて
はならなくなる。恐るべき事だ。何だか気がくさくさして来
た。三平君のビールでも飲んでちと景気をつけてやろう。

勝手へ回る。秋風にがたつく戸が細目にあいてる間から吹
き込んだと見えてランプはいつの間にか消えているが、月夜
と思われて窓から影がさす。コップが盆の上に三つ並んで、

□勝手 부엌　□がたつく 덜컹거리다　□細目 가늘게 뜬 눈, 실눈　□吹き込む (바람・비・눈 등이)
들이치다　□影がさす 그림자가 비치다　□盆 쟁반

その二つに茶色の水が半分程たまっている。ガラスの中のものは湯でも冷たい気がする。まして夜寒の月影に照らされて、静かに火消壺とならんでいるこの液体の事だから、唇をつけぬ先からすでに寒くて飲みたくもない。しかしものは試しだ。三平などはあれを飲んでから、真っ赤になって、熱苦しい息遣いをした。猫だって飲めば陽気にならん事もあるまい。どうせいつ死ぬか知れぬ命だ。何でも命のあるうちにして置く事だ。死んでからああ残念だと墓場の影から悔やんでも追っ付かない。思い切って飲んでみろと、勢いよく舌を入れてぴちゃぴちゃやってみると驚いた。何だか舌の先を針でさされたようにぴりりとした。人間は何の酔興でこんな腐ったものを飲むのかわからないが、猫にはとても飲み切れない。

□**たまる** (물이) 괴다　□**まして** 하물며, 더구나　□**夜寒** 늦가을 밤에 느끼는 한기　□**照らす** 비추다　□**火消壺** 등걸불을 넣어서 끄는 항아리, 뜬숯 항아리　□**ものは試し** 일은 해 보아야 안다, 해 보는 것이 좋다　□**熱苦しい** 몹시 무덥다, 몹시 더워서 괴롭다　□**息遣い** 숨결, 숨쉬는 모양　□**墓場** 묘지　□**悔やむ** 뉘우치다, 후회하다　□**追っ付く** 뒤쫓아가 닿다, 따라붙다, (～かない) 소용없다, 되돌릴 수 없다 ＝追い付く　□**ぴちゃぴちゃ** 소리 내어 음식을 마시거나 먹는 모양이나 그 소리, 할짝할짝, 홀짝홀짝　□**針** 바늘　□**ぴりりと** 매운 맛이나 자극이 느껴지는 모양, 짜릿, 얼얼　□**酔興** 술에 취해 들뜬 기분, 색다른 것을 좋아함, 호기심이 많음　□**腐る** 썩다, 상하다

どうしても猫とビールは性が合わない。これは大変だと一度
は出した舌を引込めて見たが、また考え直した。人間は口癖
のように良薬口に苦しと言って風邪などをひくと、顔をし
かめて変なものを飲む。飲むから治るのか、治るのに飲むの
か、今まで疑問であったがちょうどいい幸いだ。この問題を
ビールで解決してやろう。飲んで腹の中までにがくなったら
それまでの事、もし三平のように前後を忘れる程愉快になれ
ば空前の儲け者で、近所の猫へ教えてやってもいい。まあど
うなるか、運を天に任せて、やっつけると決心して再び舌を
出した。目をあいていると飲みにくいから、しっかり眠って、
またぴちゃぴちゃ始めた。

　吾輩は我慢に我慢を重ねて、ようやく一杯のビールを飲み干した時、妙な現象が起った。始めは舌がぴりぴりして、口中が外部から圧迫されるように苦しかったのが、飲むに従ってようやく楽になって、一杯目を片付ける時分には別段骨も折れなくなった。もう大丈夫と二杯目は難なくやっつけた。ついでに盆の上にこぼれたのも拭うがごとく腹内に収めた。

　それからしばらくの間は自分で自分の動静を伺うため、じっとすくんでいた。次第にからだが暖かになる。目のふちがぽうっとする。耳がほてる。歌がうたいたくなる。猫じゃ猫じゃが踊りたくなる。主人も迷亭も独仙も糞を食らえと言う気になる。金田のじいさんを引っ掻いてやりたくなる。妻君の鼻を食い欠きたくなる。色々になる。最後にふらふらと立ちたくなる。立ったらよたよたあるきたくなる。こいつは面白いとそとへ出たくなる。出ると御月様今晩はと挨拶したくなる。どうも愉快だ。

陶然とはこんな事を言うのだろうと思いながら、あてもなく、そこかしこと散歩するような、しないような心持ちでしまりのない足をいい加減に運ばせてゆくと、何だかしきりに眠い。寝ているのだか、あるいてるのだか判然しない。目はあけるつもりだが重い事夥しい。こうなればそれまでだ。海だろうが、山だろうが驚ろかないんだと、前足をぐにゃりと前へ出したと思う途端ぼちゃんと音がして、はっと言ううち、——やられた。どうやられたのか考える間がない。只やられたなと気がつくか、つかないのにあとは滅茶苦茶になってしまった。

我に帰ったときは水の上に浮いている。苦しいから爪でも

ってやたらに掻いたが、掻けるものは水ばかりで、掻くとす

ぐもぐってしまう。仕方がないから後足で飛び上っておいて、

前足で掻いたら、がりりと音がしてわずかに手応えがあった。

　ようやく頭だけ浮くからどこだろうと見回わすと、吾輩は

大きな甕の中に落ちている。この甕は夏まで水葵と称する

水草が茂っていたがその後鳥の勘公が来て葵を食い尽くした

上に行水を使う。行水を使えば水が減る。減れば来なくなる。

近来は大分減って鳥が見えないなと先刻思ったが、吾輩自身

が鳥の代りにこんな所で行水を使おうなどとは思いも寄らな

かった。

水から縁までは四寸余もある。足をのばしても届かない。飛び上っても出られない。呑気にしていれば沈むばかりだ。もがけばがりがりと甕に爪があたるのみで、あたった時は、少し浮く気味だが、すべればたちまちぐうっともぐる。もぐれば苦しいから、すぐがりがりをやる。そのうちからだが疲れてくる。気は焦るが、足はさほど利かなくなる。ついにはもぐるために甕を掻くのか、掻くためにもぐるのか、自分でも分りにくくなった。

　その時苦しいながら、こう考えた。こんな呵責に逢うのはつまり甕から上へあがりたいばかりの願である。あがりたいのは山々であるが上がれないのは知れ切っている。吾輩の足は三寸に足らぬ。よし水の面にからだが浮いて、浮いた所から

思う存分前足をのばしたって五寸にあまる甕の縁に爪のかか
りようがない。甕のふちに爪のかかりようがなければいくら
もがいても、あせっても、百年の間身を粉にしても出られっ
こない。出られないと分り切っているものを出ようとするの
は無理だ。無理を通そうとするから苦しいのだ。つまらない。
自ら求めて苦しんで、自ら好んで拷問に罹っているのは馬鹿
気ている。

　「もうよそう。勝手にするがいい。がりがりはこれぎりご
免蒙るよ」と、前足も、後足も、頭も尾も自然の力に任せて
抵抗しない事にした。

　次第に楽になってくる。苦しいのだかありがたいのだか見当
がつかない。水の中にいるのだか、座敷の上にいるのだか、

□思う存分 마음대로, 마음껏, 실컷　□あまる (수량이) 넘다, 이상이다　■〜ようがない (동사 ます
형에 붙어) 〜할 수 없다〈彼女の電話番号をわからないので、連絡の取りようがない 그녀의 전화번호를 모
르기 때문에 연락을 취할 수가 없다〉　□身を粉にする 몸을 아끼지 않다, 분골쇄신하다　□無理を通す
무리를 강행하다　□好んで 기꺼이, 즐겨　□拷問 고문　□馬鹿気る 우습게 보이다, 어리석게 생각되다,
어이없다　□これぎり 이뿐　□ご免蒙る 관두다, 상대방의 허락을 얻다

判然しない。どこにどうしていても差支えはない。只楽である。否楽そのものすらも感じ得ない。日月を切り落し、天地を粉韲して不可思議の太平に入る。吾輩は死ぬ。死んでこの太平を得る。太平は死ななければ得られぬ。南無阿弥陀仏南無阿弥陀仏。ありがたいありがたい。

□〜すら 〜조차 ＝さえ　□日月 일월, 해와 달　□切り落す 베어 잘라놓다, 끊어 떨어뜨리다　□粉韲 분쇄　□南無阿弥陀仏 나무아미타불

본문 해석

1

p.10 나는 고양이로소이다. 이름은 아직 없다.

어디서 태어났는지 도무지 짐작이 가지 않는다. 아무튼 어두침침하고 축축한 곳에서 야옹야옹 울고 있었던 것만은 기억하고 있다. 나는 여기서 처음으로 인간이란 걸 보았다. 게다가 나중에 들으니 그것은 서생이라는 인간 중에 가장 영악한 족속이었다고 한다. 이 서생이란 자는 가끔 우리 고양이들을 잡아 삶아 먹는다는 이야기다. 그러나 그 당시는 아무런 생각도 없어서

p.11 별로 무섭다고도 생각하지 않았다. 다만 그의 손바닥에 얹혀 스윽 들어올려졌을 때 왠지 둥실둥실 떠 있는 느낌이 있었을 뿐이다. 손바닥 위에서 좀 진정되어 서생의 얼굴을 본 것이 이른바 인간이란 자를 처음 본 것일 게다. 이때 묘한 것이구나 했던 느낌이 지금도 남아 있다. 우선 털로 장식되어야 할 얼굴이 반질반질해 마치 주전자 같다. 그 후 고양이도 꽤 만났지만, 이런 불구자는 한 번도 마주친 적이 없다. 뿐만 아니라 얼굴 한가운데가 너무 튀어나왔다. 그리고 그 구멍 안에서 가끔 뿍뿍 연기를 내뿜는다. 너무 숨이 막혀 정말 곤란했다. 이것이 인간이 피우는 담배라는 것은 겨우 요새 알았다.

p.12 이 서생의 손바닥 안에서 잠시 동안은 기분 좋게 앉아 있었지만, 잠시 후 대단한 속력으로 움직이기 시작했다. 서생이 움직이는지 나만 움직이는지 모르지만 눈이 몹시 돈다. 속이 메스껍다. 도저히 살아날 수 없다고 생각하자 털썩 하는 소리가 나면서 눈에서 불이 났다. 거기까지는 기억하지만, 그 후는 무슨 일인지 아무리 생각해 내려 해도 알 수가 없다.

문득 정신이 들고 보니 서생은 간데없다. 많이 있던 형제가 한 마리도 안 보인다. 소중한 어머니마저 모습을 감추고 말았다. 게다가 여태까지 있던 곳과는 달리 엄청 밝다. 눈을 뜨고 있을 수 없을 정도다. 어, 모두 모습이 이상하다고 생각해 어슬렁어슬렁 기어 나와 보려고 하자 몹시 아프다. 나는 지푸라기 위에서 갑자기 조릿대 덤불 속으로 버려진 것이다.

p.14 간신히 조릿대 덤불을 기어 나오자 저편에 커다란 연못이 있다. 나는 연못 앞에 앉아서 어찌하면 좋을까 생각해 봤다. 특별히 이렇다 할 분별이 나오지 않는다. 얼마 지나서 울면 서생이 또 맞이하러 와 줄까 하는 생각이 들었다. 야옹야옹 하고 시험 삼아 울

어 봤지만, 아무도 오지 않는다. 그런 가운데 연못 위를 살랑살랑 바람이 불고 날이 저물어 간다. 배가 몹시 고팠다. 울고 싶어도 소리가 나지 않는다. 어쩔 수 없다, 뭐든 좋으니 먹을 게 있는 데까지 걸어 보자고 결심하고 발을 질질 끌고 연못을 왼쪽으로 돌기 시작했다. 아무튼 몹시 고통스럽다. 그것을 참고서 억지로 기어가자 간신히 어쩐지 인간 냄새가 나는 데로 나왔다. 여기로 들어가면, 어떻게 될 성싶어 대나무 울타리가 무너진 구멍에서

p.15 어떤 뜰 안으로 몰래 들어갔다. 인연이란 기이해서, 만약 이 대나무 울타리가 뚫려 있지 않았다면 나는 결국 길거리에서 굶어 죽었을지도 모를 일이다. 타인과 한 나무 그늘 아래 있는 것도 전생의 인연이라더니 과연 맞는 말이다. 이 울타리 구멍은 오늘에 이르기까지 내가 이웃집 고양이 미케를 방문할 때의 통로로 되어 있다. 그건 그렇고 저택에 몰래 숨어들기는 했지만 앞으로 어찌하면 좋을지 모르겠다. 그런 가운데 어두워지고, 배는 고프고, 춥기는 춥고, 비가 내리는 형국으로 한시도 주저할 수 없게 됐다. 할 수 없이 어쨌든 밝고 따뜻할 것 같은 쪽으로만 걸어간다. 이제 와서 생각하니 그때는 이미 집안에 기어들어와 있었다. 여기서 나는 그 서생 이외의 인간을 다시 볼 기회를 얻었던 것이다. 맨 처음 만난 게 식모다. 이건 저번 서생보다 한층 난폭한 작자로,

p.16 나를 보기가 무섭게 느닷없이 목덜미를 움켜쥐고 밖으로 내동댕이쳤다. 야, 이젠 글렀구나 싶어 눈을 감고 운을 하늘에 맡기고 있었다. 그러나 허기진 것과 추위는 도무지 참을 수가 없다. 나는 다시 식모의 방심을 틈타 부엌으로 기어들어갔다. 그러자 곧 또 내동댕이쳐졌다. 나는 내동댕이쳐지면 기어들어가고, 기어들어가서는 내동댕이쳐지고, 아무튼 같은 일을 네다섯 번 되풀이했던 걸 기억하고 있다. 그때 식모라는 작자는 정말 싫어졌다. 요전에 식모의 꽁치를 훔쳐 그 앙갚음을 하고서야, 겨우 가슴에 맺힌 것이 내려갔다. 내가 마지막으로 붙잡혀 쫓겨나려 할 참에, 이 집 주인이 "왜 이리 소란스럽냐? 무슨 일이야."하면서 나왔다. 하녀는 나를 집어 들고서 주인 쪽을 향해

p.17 "이 집 없는 고양이 새끼가 아무리 쫓아내도 쫓아내도 부엌에 기어들어와서 애를 먹습니다."하고 말한다. 주인은 코밑의 검은 털을 꼬면서 내 얼굴을 잠시 바라봤지만, 이윽고 "그렇다면 우리 집에 둬라."라고 말한 채, 집 안으로 들어가 버렸다. 주인은 그다지 말을 하지 않는 사람으로 보였다. 하녀는 분한 듯이 나를 부엌에 내동댕이쳤다. 이리하여 나는 마침내 이 집을 내 거처로 삼기로 한 것이다.

내 주인은 좀처럼 나와 얼굴을 마주하는 일이 없다. 직업은 교사라고 한다. 학교에서 돌아오면 종일 서재에 틀어박힌 채 거의 나오는 일이 없다. 식구들은 그를 대단한

면학가로 여기고 있다. 당사자도 면학가인 척하고 있다. 그러나 실제로는 식구들이 말하는 것 같은 근면가는 아니다. 나는 가끔 살금살금 그의 서재를 엿보곤 하는데, 그는 자주 낮잠을 자고 있는 경우가 있다.

p.19   가끔 읽다 만 책 위에 침을 흘린다. 그는 위가 약해서 피부색이 담황색을 띠고 탄력이 없는 활발치 못한 징후를 보이고 있다. 그런 주제에 밥을 많이 먹는다. 많이 먹은 후에 타카쟈스타제를 먹는다. 먹은 후에 책을 펼친다. 2, 3페이지 읽으면 졸린다. 책 위에 침을 흘린다. 이것이 그가 매일 밤 되풀이하는 일과다. 나는 고양이지만 가끔 생각하는 게 있다. 교사라는 건 정말 편한 직업이다. 인간으로 태어난다면 교사가 되는 게 제일이다. 이렇게 자고서 일할 수 있다면 고양이라도 못할 건 없다고 말이다. 그래도 주인 말로는 교사만큼 힘든 건 없다고 하며 친구가 올 때마다 이러쿵저러쿵 투덜거린다.

p.20   내가 이 집에 정주한 당시는 주인 이외의 인간들에겐 매우 인망이 없었다. 어디에 가도 걷어차이고 상대해 주는 사람이 없었다. 얼마나 푸대접 받았는가는 오늘에 이르기까지 이름조차 지어 주지 않는 걸로도 알 수 있다. 나는 어쩔 수 없기에 가능한 한 나를 받아들여 준 주인 옆에 있으려고 애썼다. 아침에 주인이 신문을 읽을 때는 꼭 그의 무릎 위에 올라앉는다. 그가 낮잠을 잘 때는 꼭 그 등에 올라탄다. 이건 반드시 주인이 좋아서는 아니고, 따로 상대해 주는 이가 없으니 어쩔 수 없다. 그 후 이런저런 경험을 한 후,

p.21   아침에는 밥통 위, 밤에는 코타츠 위, 날씨가 좋은 낮에는 툇마루에서 자기로 했다. 그러나 제일 기분 좋은 건 밤이 되어 이 집 애들 잠자리에 몰래 숨어 들어가 함께 자는 것이다. 이 애들이란 다섯 살과 세 살로, 밤이 되면 둘이 한 이불 속에 들어가 한 방에서 잔다. 나는 언제라도 그들 중간에 내가 들어갈 만한 틈을 찾아내고 그럭저럭 비집고 들어가는데, 운 나쁘게 아이 한 명이 잠을 깨는데 결국 일이 커지고 만다. 아이는 — 특히 작은 아이가 성격이 나쁘다 — "고양이가 왔어, 고양이가 왔어."하며 밤중이고 뭐고 큰소리로 울기 시작한다. 그러면 언제나처럼 신경성 위염인 주인은 꼭 잠에서 깨어 옆방에서 뛰어나온다. 실제로 얼마 전에는 자로 엉덩이를 심하게 맞았다.

p.22   나는 인간과 동거하고서 그들을 관찰하면 할수록, 그들은 제멋대로인 자들이라고 단언하지 않을 수 없게 되었다. 특히 내가 가끔 동침하는 애들 같은 경우에는 어이가 없어서 말문이 막힌다. 제멋대로 굴 때는 남을 거꾸로 하거나, 머리에 자루를 씌

우기도 하고, 내팽개치기도 하고, 부뚜막 속에 억지로 밀어넣기도 한다. 게다가 내 쪽에서 조금이라도 손을 대려고 하면 온 집안 식구들이 쫓아다니며 박해를 가한다. 요전에도 잠깐 다다미에 발톱을 갈았더니, 안주인이 몹시 화를 내고 그 후로는 쉽게 다다미 방에 넣어주지 않는다. 부엌의 마루방에서 내가 떨고 있어도 아주 태연하다. 내가 존경하는 비스듬히 마주 보는 건너편 시로 군은 만날 때마다 인간만큼 인정머리 없는 건

p.23　없다고 말씀하신다. 시로 군은 요전에 옥같은 새끼고양이를 네 마리 낳으셨다. 그런데 그 집 서생이 사흘째 되는 날에 그 새끼들을 뒤쪽 연못에 가지고 가서 네 마리 모두 버리고 왔다고 한다. 시로 군은 눈물을 흘리며 그 자초지종을 얘기한 후, 암만해도 우리들 고양이족이 부모 자식 간의 사랑을 완전하게 해서 아름다운 가족적 생활을 하려면 인간과 싸워서 이것을 소멸시키지 않으면 안 된다고 말씀하셨다. 조목조목 지당한 말씀이라고 여긴다. 또 이웃집 미케 군은 인간이 소유권이란 것을 이해하지 못하고 있다고 매우 분개하고 있다. 원래 우리들 동족 간에는 말린 정어리 대가리라도 숭어 배꼽이라도 제일 먼저 발견한 자가 이것을 먹을 권리가 있는 걸로 되어 있다. 만약 상대가 이 규약을

p.24　지키지 않으면 완력에 호소해도 좋을 정도다. 그런데도 그들 인간은 추호도 이런 관념이 없는 것 같아서, 우리들이 발견한 맛있는 음식은 꼭 자기들을 위해 약탈한다. 그들은 그 강한 힘을 믿고 정당하게 우리가 먹어야 할 것을 빼앗고 모른 체한다. 시로 군은 군인 집에 살고 미케 군은 변호사인 주인을 갖고 있다. 나는 교사 집에 살고 있는 만큼, 이런 일에 관해선 양쪽 친구들보다 오히려 낙천적이다. 그저 그날그날을 그럭저럭지내면 그만이다. 아무리 인간이라고 해도 그렇게 언제까지나 번영할 리도 없겠지. 뭐 느긋하게 마음먹고 고양이 시절을 기다리는 게 좋을 것이다.

p.25　'제멋대로'하니까 생각났는데, 잠깐 우리 집주인이 이 제멋대로로 실패한 이야기를 해 보자. 원래 이 주인은 무슨 일이든 남보다 뛰어나게 잘할 수 있는 일도 없지만, 뭐든지 곧잘 손대고 싶어한다. 하이쿠를 지어서 『호토토기스』에 투고하기도 하고, 신체시를 『묘조』에 내기도 하고, 실수 투성이의 영어 문장을 쓰기도 하고, 때로는 궁술에 빠지기도 하고, 우타이를 배우기도 하고, 또 어떤 때는 바이올린 따위를 깽깽 울리기도 하지만, 가엾게도 어느 것도 제대로 하는 것이 없다. 그런 주제에 하기 시작하면 위가 나쁜 주제에 엄청 열심이다.

p.26　변소 안에서 우타이를 불러서, 근처에서 변소 선생이라고 별명을 붙였음에도

불구하고 너무나도 태연자약하여, 여전히 '나는 다이라의 무네모리입니다'를 되풀이하고 있다. 다들 "저것 봐라, 무네모리다."하고 웃음을 터뜨릴

p.27 정도다. 이런 주인이 무슨 생각에선지 내가 함께 살게 되고서 한 달 가량 지난 어느 달 월급날에, 커다란 보따리를 들고 분주하게 귀가했다. 뭘 사 왔는가 했더니 수채화 물감과 붓과 왓트만이라는 종이로, 오늘부터 우타이랑 하이쿠를 그만두고 그림을 그릴 결심인 것 같았다. 과연 다음 날부터 당분간은 매일매일 서재에서 낮잠도 자지 않고 그림만 그리고 있다. 그러나 그 다 그려진 것을 보면 뭘 그렸는지 아무도 감정할 수가 없다. 당사자도 별로 신통치 않다고 여긴 것인지 어느 날 친구로 미학인지를 하는 사람이 왔을 때 다음과 같은 얘기를 하는 것을 들었다.

p.28 "아무래도 잘 그릴 수 없군. 남의 걸 보면 아무것도 아닌 것 같은데, 스스로 붓을 잡고 보면 새삼스럽게 어렵게 느껴지네!" 이건 주인의 술회다. 과연 거짓 없는 부분이다. 그의 친구는 금테 안경 너머로 주인의 얼굴을 보면서 "그렇게 처음부터 잘 그릴 수 없지, 첫째, 실내에서의 상상만으로 그림을 그릴 수는 없지. 옛날 이탈리아의 대가 안드레아 델 사르토가 말한 적이 있지. 그림을 그리려면 무엇이든 자연 그대로를 묘사해라. 하늘에 별이 있고, 땅에 반짝이는 이슬이 있다. 나는 새가 있고, 달리는 짐승이 있다. 연못에 금붕어가 있고, 고목에 겨울 까마귀가 있다. 자연은 이 한 폭의 살아 있는 큰 그림이다. 어때? 자네도 그림다운 그림을 그리려고 생각한다면 잠깐 사생을 해 보지."

p.29 "허, 안드레아 델 사르토가 그런 말을 한 적이 있나? 전혀 몰랐는걸. 과연 이거 지당한 말씀이야. 참말로 그렇군."하고 주인은 무턱대고 감탄한다. 금테 안경 속으로는 비웃는 듯한 웃음이 보였다.

p.30 그 다음 날 나는 여느 때처럼 툇마루에 나가 기분 좋게 낮잠을 자고 있었는데, 주인이 여느 때와 달리 서재에서 나와서 내 뒤에서 무언가 열심히 하고 있다. 문득 잠이 깨서 뭘 하고 있는지 실낱같은 정도로 가는 눈을 뜨고 보자, 그는 여념 없이 안드레아 델 사르토가 되기로 작정하고 있다. 나는 이런 모습을 보고 무심코 실소를 금할 수 없었다. 그는 그의 친구에게 야유받은 결과로 우선 맨 처음 나를 사생하고 있는 것이다. 나는 이미 충분히 잤다. 하품이 나서 참을 수가 없다. 그러나 모처럼 주인이 열심히 붓을 잡고 있는데 움직이면 미안한 마음이 들어, 꼼짝 않고 참고 있었다. 그는 지금 내 윤곽을 다 그리고 얼굴 주위를 색칠하고 있다. 나는 고백한다.

p.31   나는 고양이로서 결코 아주 잘생긴 편은 아니다. 키도 그렇고 털 상태도 그렇고 얼굴 생김새도 그렇고 구태여 다른 고양이보다 낫다고는 결코 생각하지 않는다. 그러나 아무리 못생긴 나라도, 지금 내 주인이 그리고 있는 묘한 모습이라고는 아무래도 생각되지 않는다. 첫째, 색깔이 다르다. 나는 페르시아산 고양이처럼 노랑이 섞인 옅은 회색에, 옻칠처럼 얼룩이 있는 피부를 갖고 있다. 이 점만은 누가 봐도 의심할 여지가 없는 사실로 여긴다. 그런데 지금 주인의 채색을 보면, 노랑도 아니고 검정도 아니다. 회색도 아니고 갈색도 아니다. 그렇다고 이런 것을 섞은 색도 아니다. 그저 일종의 색이라고밖에 평가할 방법이 없는 색이다. 게다가

p.32   이상한 일은 눈이 없다. 하긴 이것은 자고 있는 모습을 사생한 것이니까 무리도 없지만, 눈같은 곳마저 보이지 않아 장님 고양이인지 자고 있는 고양이인지 분명치 않다. 나는 마음속으로 몰래 아무리 안드레아 델 사르토라도 이래서는 어쩔 도리가 없다고 생각했다. 그러나 그 열성에는 감탄하지 않을 수 없다. 되도록이면 움직이지 않고 있어 주려고 생각했지만, 아까부터 소변이 마려웠다. 전신의 근육은 좀이 쑤신다. 벌써 일 분도 지체할 수 없는 형편이 되어, 부득이 실례하여 양발을 앞으로 맘껏 뻗고 목을 낮게 쭉 빼서 아~아 하고 크게 하품을 했다. 그런데 이렇게 되고 보니 이젠 얌전히 있어도

p.33   소용없다. 어차피 주인의 예정은 망친 셈이니까, 하는 김에 뒤에 가서 용변을 보려고 생각하고 어슬렁어슬렁 기어나갔다. 그러자 주인은 실망과 노여움을 뒤섞은 듯한 소리로, 응접실 안에서 "이 멍텅구리야"라고 호통쳤다. 이 주인은 남을 욕할 때는 반드시 멍텅구리라고 하는 것이 버릇이다. 달리 욕하는 법을 모르니 어쩔 수 없지만, 이제껏 참은 고양이의 마음도 알지 못한 채, 무턱대고 멍텅구리 취급은 실례라고 생각한다. 그것도

p.34   평소 내가 그의 등에 올라탈 때 약간은 좋은 얼굴이라도 한다면 이 까닭 없는 욕도 감수하고 받겠지만, 이쪽 편의가 되는 일은 무엇 하나 흔쾌히 해 준 적도 없으면서, 소변 보러 일어선 것을 '멍텅구리'라고 하는 건 심하다. 원래 인간이란 건, 자기 역량에 자만해서 모두 거만해져 있다. 좀 더 인간보다 강한 자가 나와 못살게 굴어 주지 않으면, 앞으로 어디까지 거만해질지 모른다.

　제멋대로도 이 정도면 참지만 나는 인간의 부도덕에 대해 이보다도 몇 배 슬픈 이야기를 들은 적이 있다.

　우리 집 뒤에 열 평쯤 되는 차밭이 있다. 넓지는 않지만 산뜻한 기분 좋은 양지바른

곳이다. 우리 집 애들이 너무 시끄럽게 해서 편히 낮잠을 잘 수 없을 때랑 너무 따분하여 속이 편치 않을 때

p.35 등은, 나는 언제라도 이곳에 나와 호연지기를 북돋우는 것이 상례다. 어느 늦가을의 평온한 날 두 시쯤이었는데, 나는 점심 식사 후 기분 좋게 한잠을 잔 후, 운동하는 김에 이 차밭으로 발걸음을 옮겼다. 차나무 뿌리를 한 그루 한 그루 냄새를 맡으면서 서쪽 삼나무 울짱 옆까지 오자, 말라빠진 국화를 넘어뜨리고서 그 위에 커다란 고양이가 정신없이 잠들어 있는 것이다. 그는 내가 다가가는 것도 전혀 눈치 채지 못한 듯, 혹은 눈치 챘지만 무관심한 듯, 크게 코를 골고서 기다랗게 몸을 눕히고 자고 있다. 남의 마당 안에 숨어들어온 자가 이토록 태연스럽게 잠들 수 있는 것인가 하고, 나는 은근히 그 대담한 배짱에 놀라지 않을 수 없었다. 그는 순수한 검은 고양이이다. 약간 정오를 지난 태양은 투명한 광선을 그의 피부 위에 내리쬐고서 반짝이는 솜털 사이로 눈에 보이지 않는 타오르는

p.36 듯했다. 그는 고양이 중의 대왕이라고도 할 수 있을 만큼 커다란 체격을 갖고 있다. 내 두 배는 확실히 된다. 나는 감탄과 호기심에 정신없이 그의 앞에 발걸음을 멈추고 넋을 놓고 바라보고 있자, 조용한 늦가을 바람이 삼나무 울짱 위로 내민 오동나무 가지를 가볍게 흔들어, 후두둑 두세 이파리가 말라빠진 국화 수풀에 떨어졌다. 대왕은 그 둥근 눈을 확 부릅떴다. 지금도 기억하고 있다. 그 눈은 인간이 귀하게 여기는 호박이라는 것보다도 훨씬 아름답게 빛나고 있었다. 그는 미동도 하지 않는다. 두 눈동자 깊숙이에서 쏘듯이 빛을 나의 왜소한 이마 위에 모아서 "네 녀석은 도대체 뭐야."하고 말했다. 대왕치고는 좀 말이 쌍스럽다 싶었지만, 아무튼 그 목소리 저변에도 개마저도 무릎 꿇릴 만큼 힘이 담겨 있어서 나는 적잖이 두려움을 느꼈다. 그러나 인사를 하지 않으면

p.37 험악할 듯싶어 "난 고양이이다. 이름은 아직 없다."고 되도록 태연함을 가장하여 냉정히 대답했다. 그러나 이때 내 심장은 확실히 평소보다도 격렬하게 고동치고 있었다. 그는 매우 경멸하는 투로 "뭐, 고양이라고? 고양이가 들으면 기가 차겠군. 도대체 어디 사나?" 몹시 방약무인하다. "나는 이곳 선생님 집에 있다." "어차피 그럴 것이라고 생각했다. 무척이나 비쩍 말라빠졌구나."하고 대왕답게 기염을 토한다. 말투로 살펴보건대, 아무래도 양가의 고양이로는 여겨지지 않는다. 그렇지만 그 기름이 번지르르하고 비만한 것을 보건대 진수성찬을 먹고 있는 듯싶고, 부유하게 살고 있는 것 같다. 나는 "그러는 너는 도대체 누구냐?"하고 묻지 않을 수 없었다. "나는 인력거꾼네 쿠로다."

p.38 　의기양양한 놈이다. 인력거꾼네 쿠로는 이 근처에서 모르는 자가 없는 난폭한 고양이이다. 그러나 인력거꾼 고양이답게 힘만 셀 뿐, 조금도 교양이 없어서 누구도 별로 교제하지 않는다. 모두가 합심하여 멀리하는 표적이 된 녀석이다. 나는 그의 이름을 듣고 좀 멋쩍은 감을 느낌과 동시에, 한편으로는 약간 경멸하는 마음도 생겼다. 나는 우선 그가 얼마나 무식한지를 시험해 보고자 다음과 같은 문답을 해 봤다.

　“도대체 인력거꾼과 교사 어느 쪽이 훌륭할까?”

　“인력거꾼이 힘센 것은 뻔한 이치지. 네 녀석 집주인을 봐라, 흡사 뼈다귀와 가죽뿐이잖나.”

　“너도 인력거꾼네 고양이답게 제법 힘센 것 같군. 인력거꾼 집에 있으면 맛좋은 음식을 먹을 수 있나 보지.”

p.39 　“뭘~ 나는 말이야, 어느 곳에 가도 먹는 것에 부자유함은 없는 셈이지. 네 녀석도 차밭만 빙글빙글 돌지 말고, 좀 내 뒤에 붙어서 와 봐라. 한 달도 지나지 않은 가운데 몰라보게 살찔걸.”

　“차차 그렇게 부탁하기로 하지. 그러나 집은 교사 쪽이 인력거꾼보다 큰 집에 살고 있는 것 같다.”

　“바보 같은 자식, 집 따위가 아무리 크더라도 요기가 되겠느냐.”

　그는 심히 비위가 상한 듯, 한죽을 깎아 낸 듯한 귀를 자꾸만 실룩거리면서 거칠게 물러갔다. 내가 인력거꾼네 쿠로와 지기가 된 것은 이때부터다.

p.40 　그 후 나는 가끔 쿠로와 해후한다. 해후할 때마다 그는 인력거꾼네다운 기염을 토한다. 전에 내가 들었다던 부도덕한 사건도 실은 쿠로한테서 들은 이야기다.

　어느 날 여느 때처럼 나와 쿠로는 따뜻한 차밭에서 뒹굴면서 이런저런 잡담을 하고 있는데, 그는 늘 하는 제 자랑을 자못 새로운 듯이 되풀이한 후에, 나를 향해 다음과 같이 질문했다. “네 녀석은 여태까지 쥐를 몇 마리나 잡았지?” 지식은 쿠로보다 상당히 발달했다고 생각하지만 완력과 용기에 이르러서는 도저히 쿠로와 비교가 되지 않는다고 각오는 하고 있었지만 이 질문을 접했을 때는 정말이지 거북했다. 그렇지만

p.41 　사실은 사실이므로 속일 수는 없기 때문에 나는 “사실은 잡으려고 생각만 하고 아직 잡지 못했네.”라고 대답했다. 쿠로는 그의 코끝에서 팽팽하게 뻗친 긴 수염을 찌릿찌릿하게 진동시키면서 몹시 웃었다. 원래 쿠로는 제 자랑이 많은 만큼 어딘가 부족한 데가 있어서, 그의 기염을 감탄했다는 듯이 목구멍을 깔깔 울리고 공손히 경청하

노라면 매우 다루기 쉬운 고양이다. 나는 그와 가까이 하게 되고서 이내 이 호흡을 터득했기 때문에 이 경우에도 어설프게 자신을 변호해서 더욱더 형세를 불리하게 하는 것도 어리석은 일이고, 차라리 그에게 자신의 공을 자랑하는 이야기를 늘어놓게 해서 얼버무리는 것이 낫다고 생각을 굳혔다. 그래서 온순하게 "자네라면 연륜이 연륜인 만큼 많이 잡았겠지."하고 충동질해 봤다.

p.43   과연 그는 장벽의 빈자리에 함성을 지르며 왔다. "많다고 하기엔 뭐하지만 3, 40마리는 잡았을걸."라고 우쭐하게 그는 대답했다. 그는 더욱 말을 이어서 "쥐 백 마리나 2백 마리는 혼자서 언제라도 감당하지만 족제비란 놈은 힘에 부치지. 한번은 족제비를 만나 혼쭐이 났다." "허어, 그래?"하고 맞장구쳤다. 쿠로는 큰 눈을 깜박거리며 말했다. "작년 대청소 때 일이지. 우리 집주인이 석회 자루를 가지고 툇마루 밑으로 기어들어갔더니, 글쎄 커다란 족제비가 허둥지둥 뛰어나왔지 뭔가." "흠."하고 감탄한 척한다. "족제비라지만 뭐 쥐가 좀 큰 정도의 놈이지.

p.44   요놈 하고 쫓아서 결국 시궁창 속에 몰아넣었지 뭔가." "잘했군 그래."하고 갈채를 보낸다. "그런데 글쎄 궁지에 몰리자 요놈이 마지막 방귀를 뀌지 뭔가. 구리고 안 구리고를 떠나. 그때 이후로는 족제비를 보면 속이 메스껍지 뭔가." 그는 여기에 이르러 마치 작년의 악취를 아직도 느끼는 듯 앞발을 들어 콧등을 두세 번 어루만졌다. 나도 좀 가엾은 느낌이 든다. 약간 기세를 북돋아 주려고 "하지만 쥐라면 자네한테 찍히면 끝장일 텐데. 자네는 너무나 쥐를 잡는 것이 명수라서 쥐만 먹고 그렇게 살이 쪄서 윤기가 좋은 게지."라고 했다. 쿠로의 비위를 맞추기 위해 한 이 질문은 이상하게도 반대의 결과를 초래했다. 그는 탄식하며 크게 숨을 쉬고서 말한다.

p.45   "생각하면 소용없는 일이지. 아무리 부지런히 쥐를 잡아 봤자 —— 도대체 인간처럼 뻔뻔한 놈은 세상에 없을 거야. 남이 잡은 쥐를 다 빼앗아다가 파출소에 들고 가니 말이다. 파출소에서는 누가 잡았는지 모르니까 그 때마다 5전씩 주지 않겠나. 우리 집주인은 내 덕택으로 벌써 1엔 50전 정도 번 주제에 제대로 된 것을 먹여 준 적이 없어. 이봐, 인간이란 허울 좋은 도둑이지." 과연 무식한 쿠로도 이 정도의 이치는 아는지 매우 분노한 표정으로 등의 털을 곤두세운다. 나는 약간 기분이 나빠져서 적당히 그 자리를 얼버무리고 집으로 돌아왔다.

p.46   이때부터 나는 결코 쥐를 잡지 않겠다고 결심했다. 그러나 쿠로의 부하가 되

어 쥐 이외의 맛난 음식을 찾아다니는 짓도 하지 않았다. 맛난 음식을 먹기보다도 자는 편이 마음 편해서 좋다. 교사네 집에 있으면 고양이도 교사같은 성질이 되는가 보다. 조심하지 않으면 조만간 위가 약해질지도 모른다.

교사라면 내 주인도 근래에 와서는 도저히 수채화에 가망이 없음을 깨달았는지, 12월 1일 일기에 이런 것을 적어 두었다.

p.47　ㅇㅇ라는 사람을 오늘 모임에서 처음으로 만났다. 그 사람은 꽤나 방탕한 사람이라고 하는데, 과연 풍류가다운 풍채를 하고 있다. 이런 기질의 사람은 여자에게 호감을 사는지라 ㅇㅇ이 방탕을 했다고 하기보다도, 어쩔 수 없이 방탕을 했다고 하는 편이 적당할 것이다. 그 사람의 아내는 게이샤라는데 부러운 일이다. 원래 방탕자를 좋지 않게 말하는 사람들의 대부분은 방탕할 자격이 없는 자가 많다. 또 방탕자로 자임하는 무리 중에도 방탕할 자격이 없는 자가 많다. 이들은 어쩔 수 없는데도 무리하게 자진해서 하는 것이다. 마치 내 수채화처럼 도저히 끝낼 염려는 없다.

p.48　그럼에도 불구하고 자신만은 풍류가인 척 시치미 떼고 있다. 요리집의 술을 마신다든지, 요리집에 들어가니까 풍류가가 될 수 있다는 논리를 앞세운다면, 나도 번듯한 수채화가가 될 수 있는 이치다. 내가 수채화 같은 것은 그리지 않는 것이 나은 것처럼 우매한 풍류가보다도 갓 나온 시골뜨기인 아주 멍텅구리 쪽이 훨씬 훌륭하다.

풍류가 논리는 좀 수긍하기 어렵다. 또 게이샤인 아내 따위를 부럽다고 하는 건 교사로선 입에 담지 말아야 할 어리석은 생각이지만, 자신의 수채화에 대한 비평 안목만은 확실한 것이다. 주인은 이처럼 스스로를 알고 있는 현명함이 있음에도 불구하고, 그 자만심은 좀처럼 없어지지 않는다. 이틀 후인 12월 4일 일기에 이런 것을 썼다.

p.49　엊저녁엔 내가 수채화를 그리고 도저히 쓸모 있는 것이 되지 못한다고 생각해, 그 근처 어딘가에 방치해 두었던 것을 누군가가 근사한 액자에 넣어 문지방 위에 걸어 준 꿈을 꿨다. 그런데 액자로 된 걸 보니, 내 작품이지만 갑자기 솜씨가 좋아졌다. 대단히 기쁘다. 이거라면 훌륭한 것이라고 혼자서 바라보며 지내고 있노라니 날이 새 잠에서 깨어 역시 원래대로 서투른 솜씨라는 사실이 아침 해와 함께 명료해졌다.

주인은 꿈속에서까지 수채화의 미련을 짊어지고 다니는 것 같다. 이래서는 수채화가는 물론 부자가 소위 말하는 풍류가도 되지 못할 위인이다.

p.50　주인이 수채화 꿈을 꾼 다음 날, 예의 금테 안경의 미학자가 오랜만에 주인을 방문했다. 그는 자리에 앉자 제일 먼저 "그림은 어떤가?"하고 입을 뗐다. 주인은 태연한 얼굴로 "자네 충고에 따라 사생에 힘쓰고 있는데, 과연 사생을 하자 여태껏 알아채지 못했던 사물의 형태며, 색채의 세밀한 변화 등을 잘 알 수 있을 것 같네. 서양에선 예로부터 사생을 주장한 결과 오늘날처럼 발달한 것으로 생각되네. 과연 안드레아 델 사르토야."라고 일기에 적어 놓은 사실은 내색도 하지 않고, 또 안드레아 델 사르토에 대해 감탄한다. 미학자는 웃으면서 "실은 여보게, 그것은 엉터리네."하고 머리를 긁적거린다. "뭐가 말이야."하고 주인은 아직 놀림당한 것을 깨닫지 못한다. "뭐라니, 자네가 빈번히 감탄하고 있는 안드레아 델 사르토 말일세. 그건 내가 좀 날조한 얘기야.

p.51　자네가 그렇게 진지하게 믿으리라곤 생각하지 않았지, 하하하하."하고 크게 흥겨워하는 모습이다. 나는 툇마루에서 이 대화를 듣고, 그의 오늘 일기에는 어떤 사실이 기록될 것인가 하고 미리 상상해 보지 않을 수 없었다. 이 미학자는 이런 무책임한 말을 퍼뜨려 사람을 속이는 것을 유일한 낙으로 삼고 있는 사내다. 그는 안드레아 델 사르토 사건이 주인 정서에 어떤 영향을 미쳤는가를 추호도 고려하지 않는 듯 의기양양하게 아래와 같은 말을 지껄였다. "아니 글쎄, 때때로 농담을 하면 사람들이 곧이들어서 제법 골계적 미감을 도발하는 것은 재미있지.

p.52　요전에 어느 학생에게 니콜라스 니클비가 기번에게 충고해서 그의 일생의 대저술인 『프랑스 혁명사』를 불어로 쓰는 것을 그만두고 영문으로 출판하게 했다고 하자, 그 학생이 또 무척 기억력이 좋은 녀석으로, 일본문학회의 연설회에서 진지하게 내가 얘기한 그대로 되풀이한 것은 참으로 우스웠어. 그런데 그때 방청객은 약 백 명 정도였는데, 모두 열심히 그 얘기를 경청하고 있었지. 그리고 또 재미있는 이야기가 있네. 지난번에 어떤 문학자가 있는 자리에서 해리슨의 역사소설 『테오파노』의 얘기가 나왔는데, 나는 '그건 역사소설 가운데 백미다. 특히 여주인공이 죽는 대목은 소름 끼칠 정도로 사람을 엄습하는 것 같다'고 평하자, 내 맞은편에 앉아 있는 '모른다'고 해 본 적이 없는 선생이, '그래 그래, 그 대목은 정말로

p.53　명문이다.'라고 하더군. 그래서 나는 이 사내도 역시 나처럼 이 소설을 읽지 않았다는 사실을 알게 됐지." 신경성 위염인 주인은 눈을 휘둥그렇게 뜨고 물었다. "그런 엉터리를 얘기하고 만약 상대방이 읽었다면 어떻게 할 작정이었지?" 마치 남을 속이는 것은 지장이 없고, 단지 정체가 들통났을 땐 곤란하지 않겠느냐고 느낀 것 같다.

미학자는 조금도 동요하지 않는다. "뭐 그땐 다른 책과 헷갈렸다든가 뭐라고 하지."하고 깔깔 웃고 있다. 이 미학자는 금테 안경은 걸치고 있지만, 그 성질이 인력거꾼네 쿠로를 닮은 데가 있다. 주인은 잠자코

p.54 히노데를 동그랗게 내뿜고 자신에게는 그런 용기는 없다고 말하려는 듯한 얼굴을 하고 있다. 미학자는 그러니까 그림을 그려도 안 된다는 눈빛으로 "하지만 농담은 농담이고, 그림이란 실제로 어려운 걸세. 레오나르도 다빈치는 문하생들에게 사원의 벽의 얼룩을 사생하라고 가르친 적이 있다더군. 과연 변소 같은 데 들어가 빗물이 새는 벽을 열심히 바라보고 있으면, 꽤 괜찮은 문양화가 자연스럽게 생기지 않던가? 자네도 주의해서 사생해 보라고. 틀림없이 재미있는 것이 완성될 테니까." "또 속임수지?" "아니, 이것만은 확실하다니까. 실제로 기발한 말 아닌가? 다빈치라도 말할 듯한 것이지." "과연 기발한 말임에 틀림없군."하고 주인은 어느 정도 항복했다. 그러나 그는 아직 변소에서 사생은 하지 않는 듯하다.

p.55 인력거꾼네 쿠로는 그 후 절름발이가 됐다. 그의 광택 나는 털은 점점 색이 바래고 털이 빠졌다. 내가 호박보다도 아름답다고 평한 그의 눈에는 눈곱이 잔뜩 끼어 있다. 특히 눈에 띄게 내 주의를 끈 것은 그의 기운이 쇠퇴한 것과 그 체격이 나빠진 사실이다. 내가 예의 차밭에서 그를 만난 마지막 날, "어떠냐?"고 묻자 "족제비의 마지막 방귀와 생선 장수의 멜대엔 넌더리가 난다."고 했다.

　적송 사이에 2, 3단 붉은 색을 점철하던 단풍은 옛날의 꿈처럼 지고 손 씻는 물그릇 언저리에 번갈아 꽃잎을 떨궜던 홍백의 애기동백도 남김없이 다 졌다. 6미터 남향의 툇마루에 겨울 햇발이 일찍 기울어 늦가을의 바람이 불지 않는 날은 거의 드물어져서 내가 낮잠 잘 시간도 짧아진 느낌이다.

p.56 주인은 매일 학교에 간다. 돌아오면 서재에 틀어박힌다. 손님이 찾아오면, 교사가 싫다고 한다. 수채화도 좀처럼 그리지 않는다. 타카쟈스타제도 효능이 없다고 끊어 버렸다. 애들은 기특하게도 쉬지 않고 유치원에 다닌다. 돌아오면 창가를 부르고, 공놀이를 하고, 가끔 나를 꼬리로 늘어뜨린다.

　나는 맛있는 음식도 먹지 않아서 특별히 살찌지도 않지만, 그럭저럭 건강해서 절름발이도 되지 않고 그날그날을 지내고 있다. 쥐는 결코 잡지 않는다. 식모는 아직도 싫다. 이름은 아직 붙여 주지 않지만, 욕심을 부리면 한이 없기에 평생 이 교사 집에서 무명의 고양이로 끝낼 작정이다.

p.58 토코노마 앞에 바둑판을 가운데 놓고 메테 군과 도쿠센 군이 마주 앉아 있다.

"거저는 안 해. 진 쪽이 뭔가 한턱내는 거야. 알겠냐?"하고 메테 군이 다짐을 하자, 도쿠센 군은 여느 때처럼 염소수염을 잡아당기면서 이렇게 말했다.

"그런 짓을 하면, 모처럼 고결한 놀이를 저속하게 해 버리지. 내기 따위로 승부에 마음을 빼앗겨서는 재미없어. 승패를 도외시하고, 흰 구름이 산봉우리를 나와 서서히 퍼져나가는 듯한 마음으로 한 판을 마침으로써, 그 속의 참맛을 알 수 있는 거지."

p.59 "또 나왔군. 그 선골을 상대로 하면 약간 힘이 들어. 영락없는 〈열선전〉에 나오는 인물이로군."

"줄 없는 거문고를 뜯는 거지."

"무선 전신을 보내는 건가?"

"아무튼 해 보자고."

"자네가 백을 쥘 건가?"

"어느 쪽이든 상관없어."

"과연 선인인 만큼 의젓하군. 자네가 백이라면 자연스런 순서로서 나는 흑이군. 자, 오라고. 어디에서든 오라고."

"흑부터 두는 게 법칙이지."

p.60 "과연. 그렇다면 겸손하게 정석으로 이쯤부터 가지."

"정석에 그런 건 없다고."

"없어도 상관없어. 새로 발명한 정석이지."

나는 발이 좁으니까 바둑판이란 건 근래에 와서 처음으로 본 것이지만, 생각하면 생각할수록 묘하게 생겼다.

p.61 넓지도 않은 사각 판자를 비좁게 사각형으로 칸을 나누어 현기증이 날 정도로 어지러이 흑백의 돌을 늘어놓는다. 그리고는 이겼다느니, 졌다느니, 죽었다느니, 살았다느니, 진땀을 빼면서 떠들어대고 있다. 고작 사방 한 자 정도의 면적이다. 고양이의 앞발로 휘저어도 엉망진창이 된다. '끌어당겨서 묶으면 초암이 되고 풀어 놓으면 원래의 들판이 되네.' 쓸데없는 장난이다. 팔짱을 끼고 바둑판을 바라보고 있는 편이 훨씬 마음이 편하다. 그것도 처음 3, 40점은 돌 놓는 방법에서는 그다지 눈에 거슬리지

도 않지만, 정작 승부의 갈림길에 이르러 들여다 보면, 거참 가엾은 꼴이다. 백과 흑이 바둑판에서 넘쳐 떨어지기까지 서로 밀어붙이고,

p.62 서로 휴우 휴우 하고 있다. 옹색하다고 하고 옆 사람에게 비켜 달라고 할 수도 없고, 방해가 된다고 해서 앞의 선생에게 퇴거를 명할 권리도 없고, 천명이라고 체념하고 꼼짝하지 않고 움직임도 없이, 웅크리고 있을 수밖에 어찌 할 수도 없다. 바둑을 발명한 것은 인간으로, 인간의 기호가 국면에 나타난다고 한다면, 옹색한 바둑돌의 운명은 좀스런 인간의 성질을 대표하고 있다고 해도 무방하다. 인간의 성질이 바둑돌의 운명으로 미루어 알 수 있는 것이라면, 인간이란 도량이 넓은 세계를 스스로 축소하여, 자신이 딛고 선 두 발 이외에는 어떤 일이 있어도 밟고 나갈 수 없도록 잔꾀로 자기 영역에 줄을 쳐 경계를 정하기를 좋아한다고 단언하지 않을 수 없다. 인간이란 구태여 고통을 자초한다고 한 마디로 평해도 좋을 것이다.

p.63 천하태평인 메테 군과 선기를 가진 도쿠센 군은 무슨 생각에선지, 오늘따라 찬장에서 낡은 바둑판을 끌어내서 이 후덥지근한 장난을 시작한 것이다. 정말이지 두 분이 모였으니 처음엔 각자 임의의 행동을 취해, 바둑판 위를 백돌과 흑돌이 자유자재로 난비했지만, 바둑판의 넓이에는 한계가 있어서, 종횡의 눈금은 한 수마다 메워져 가는 것이기에, 아무리 천하태평이라도 아무리 선기가 있어도 답답해짐은 당연하다.
　"메테 군, 자네 바둑은 난폭하군. 그런 곳에 들어오는 법은 없지."
　"선승 바둑에는 이런 법이 없는지도 모르지만, 혼인보 방식에는 있으니 어쩔 수 없어."

p.64 "그러나 죽을 뿐인걸."
　"'신하는 죽음마저도 불사하거늘 하물며 돼지 어깨 살쯤이야,' 한 번, 이렇게 갈까."
　"그렇게 나오셨다, 좋아. '훈풍이 남쪽에서 와, 궁전에 서늘함을 낳는다.' 이렇게, 이어 놓으면 문제 없지."
　"이런, 이은 것은 과연 용한데. 설마 이을 염려는 없을 거라고 생각했다. '이어주시면 하치만가네'랄까. 이렇게 하면 어떻게 할 건가."
　"어쩌고저쩌고도 없어. '단숨에 한 칼을 내리치면 시원한 바람이 분다.' 에라, 귀찮구나. 과감히 끊어 버리자."

p.65 "야아 참, 큰일났군. 거길 끊기면 죽어 버리는데. 어이, 농담이 아니야. 잠깐 기다리라고."

“그러니까, 아까부터 말하지 않았나. 이렇게 된 곳에는 들어올 수 없다고 말이지.”

“들어가서 실례하였사옵니다. 이 백을 좀 들어 주게.”

“그것도 물리는 건가.”

“내친김에 그 옆 돌도 물러 주게.”

“뻔뻔스럽군, 어이.”

“Do you see the boy인가. — 뭐, 자네와 나 사이가 아닌가. 그런 싱거운 소리 말고, 물러 주게나.

p.66　죽느냐 사느냐 하는 판국이네. ‘잠깐, 잠깐’하면서 하나미치에서 달려 나오는 참이라고.”

“그런 건 난 몰라.”

“몰라도 좋으니까, 조금만 물러 주게.”

“자네 아까부터 여섯 번이나 물렀지 않는가.”

“기억력 좋은 사내로군. 앞으로는 전보다 배는 물러 드리겠소이다. 그러니까 좀 물러 달라고 하는 것이네. 자넨 어지간히 고집불통이군. 좌선 따위를 하면 좀 더 속이 트이지 않는가.”

“허나 이 돌이라도 죽이지 않으면, 내 쪽은 좀 질 것 같으니까 …….”

p.67　“자넨 처음부터 져도 상관없는 유파 아닌가.”

“난 져도 상관없지만, 자네에게는 이기게 하고 싶진 않다고.”

“얼토당토않은 오도로군. 여전히 봄바람 그림자 뒤에서 번갯불 베기인가.”

“봄바람 그림자 뒤가 아니야, 번갯불 그림자 뒤란 말일세. 자네는 거꾸로 말했어.”

“하하하하, 이젠 대충 거꾸로 되어도 좋은 때라고 여겼는데, 역시 확실한 구석이 있군. 그렇다면 어쩔 수 없지. 포기할까.”

“생사가 큰 문제 같아도, 인간 세상 매우 덧없는 것이지, 단념하라고.”

“아멘!”하고 메테 선생은 이번에는 전혀 관계가 없는 방면에 탁 한 수를 놓았다.

p.68　토코노마 앞에서 메테 군과 도쿠센 군이 열심히 승부를 겨루고 있고, 응접실 입구에는 칸게츠 군과 토후 군이 서로 나란히 앉고 그 옆에 주인이 누런 얼굴을 하고 앉아 있다. 칸게츠 군 앞에 가다랑어포가 세 개, 벌거숭이인 채 다다미 위에 가지런히 배열되어 있는 것은 기이한 광경이다.

이 가다랑어포의 출처는 칸게츠 군의 품속으로, 꺼냈을 때는 따뜻해서 손바닥으로 느낄 수 있을 정도로 벌거숭이이지만 따뜻해져 있었다. 주인과 토후 군은 묘한 눈을 하고 시선을 가다랑어포 위에 쏟고 있자, 칸게츠 군은 이윽고 입을 열었다.

"사실은 나흘쯤 전에 고향에서 돌아왔습니다만, 여러 가지 볼일이 있어서 여기저기 돌아다니다 보니 그만 찾아 뵙지 못했습니다."

p.69 "그렇게 서둘러 올 필요는 없지."하고 주인은 여느 때처럼 무뚝뚝한 소리를 한다.

"서둘러 오지 않아도 좋습니다만, 이 선물을 빨리 드리지 않으면 걱정이니까요."

"가다랑어포가 아닌가."

"예, 고향의 특산품이라서인가."

"특산품이라지만 토쿄에도 그런 건 있을 것 같은데."

하고 주인은 가장 큰 놈을 하나 집어 들어 코끝에 가지고 가 냄새를 맡아 본다.

"냄새 맡아도 가다랑어포의 좋고 나쁨은 알 수 없지요."

p.70 "좀 큰 것이 특산품인 까닭인가."

"뭐 드셔 보시지요."

"먹는 것은 어차피 먹겠지만, 이 녀석은 뭔가 끝이 떨어져 있지 않은가."

"그러니까 빨리 가져오지 않으면 걱정이라고 하는 겁니다."

"왜?"

"왜라뇨, 그건 쥐가 먹은 것입니다."

"그건 위험하군. 함부로 먹으면 페스트에 걸릴걸."

"뭐 걱정 없어요, 그 정도 갉아먹었다고 해는 없지요."

"도대체 어디서 갉아먹었지?"

"배 안에서요."

"배 안? 어째서?"

p.71 "넣을 곳이 없어서, 바이올린과 함께 자루 속에 넣어 배를 탔더니, 그날 밤 당했습니다. 가다랑어포만이라면 괜찮습니다만, 소중한 바이올린 동체를 가다랑어포로 잘못 알고 역시 약간 갉아먹었습니다."

"경망스런 쥐로군. 배 안에 살면 그렇게 분간을 못하게 되는 건가."하고 주인은 아무도 알 수 없는 소리를 하고 여전히 가다랑어포를 바라보고 있다.

p.72 　“뭐, 쥐니까 어디에 살더라도 경망스럽겠지요. 그러니까 하숙집에 가져와도 또 당할 것 같더라고요. 위험해서 밤에는 잠자리 속에 넣어서 잤습니다.”

　“좀 지저분할 것 같군.”

　“그러니까 드실 때는 좀 씻으세요.”

　“좀 정도론 깨끗해질 것 같지도 않아.”

　“그럼 양잿물이라도 묻혀서 빡빡 문지르면 되겠지요.”

　“바이올린도 껴안고 잤는가?”

　“바이올린은 너무 커서 껴안고 잘 수가 없어서…….”하고 말을 하자,

p.73 　“뭐라고, 바이올린을 껴안고 잤다고? 그것은 풍류다. ‘가는 봄날에 무거운 비파를 껴안는 이 마음’이라는 하이쿠도 있지만, 그건 먼 옛날 얘기야. 메지(明治)의 수재는 바이올린을 껴안고 자지 않으면 고인을 능가할 수 없지. ‘잠옷 바람에 기나긴 밤 지키는 바이올린’은 어떤가. 토후 군, 신체시로 그런 것을 읊을 수 있을까?”하고 저쪽에서 메테 선생이 큰소리로 이쪽 담화에도 관여한다.

　토후 군은 진지하게 “신체시는 하이쿠와 달리 그렇게 급하게는 할 수 없습니다. 그러나 읊은 그 때는 좀 더 인간 영혼의 미묘한 마음에 와닿는 아름다운 소리가 나옵니다.”

p.74 　“그런가? 영혼은 겨릅대를 피워 맞아들이는 것으로 생각했는데, 역시 신체시의 힘으로도 내림하신단 말인가?”하고 메테는 아직도 바둑을 뒷전으로 하고 놀려댄다.

　“그런 쓸데없는 소릴 지껄이면 또 진단 말일세.”하고 주인은 메테에게 주의를 준다. 메테는 태평하게도

　“이기고 싶어도, 지고 싶어도, 상대가 가마솥 속의 문어나 다름없이 손도 발도 내놓을 수 없으니, 나도 무료해서 부득이 바이올린 패거리에 끼는 걸세.”하자, 상대인 도쿠센 군은 약간 격양된 어조로

　“이번엔 자네 차례야. 이쪽에서 기다리고 있지.”하고 내뱉었다.

　“어? 벌써 됐나?”

p.75 　“두고말고, 벌써 됐지.”

　“어디에?”

　“이 백돌을 비스듬히 뻗었네.”

　“옳거니. ‘이 백돌을 비스듬히 뻗어서 지고 말았네’인가, 그렇다면 이쪽은 — 이쪽은

168

— '이쪽은 이쪽은 하다 날이 저물었구나'네, 아무래도 좋은 수가 없군. 자네 또 한 번 두게 해 줄 테니 멋대로 두고 싶은 곳에 한 수 두게."

"그런 바둑이 있는가?"

"그런 바둑이 있는가 라고 하면 두지요. 그렇다면 — 이 모퉁이 땅에 약간 구부려 둘까 보다 — 칸게츠 군, 자네 바이올린은 너무 싸서 쥐가 업신여기고 갉아먹은 거야. 좀 더 좋은 것을 분발해서 사라고, 난 이탈리아에서 3백 년 전의 고물을 주문해 줄까."

p.76 "부디 부탁합니다. 하는 김에 대금 지불도 부탁하고 싶은데."

"그런 헌 물건이 쓸모가 있을까?"하고 아무것도 모르는 주인은 일갈해서 메테 군을 엄하게 나무랐다.

"자넨 인간 고물과 바이올린 고물을 동일시하고 있겠지. 인간 고물도 카네다 아무개 같은 자는 아직도 유행하고 있을 정도니 바이올린에 있어서는 오래될수록 좋은 것이네. —자, 도쿠센 군, 아무쪼록 조속히 부탁하네. 케마사의 변명은 아니지만, 가을 해는 저물기 쉬우니."

"자네 같은 조급한 사내와 바둑을 두는 건 고통이라고. 생각할 틈도 아무것도 없다고. 어쩔 수 없으니까 여기에 한 수 둬서 집으로 해 두자."

p.77 "저런, 마침내 살려 주고 말았네. 애석하게 됐군. 설마 그곳에 두지 않겠지 싶어서, 약간 수다를 떨고 노심초사했는데 역시 틀렸나?"

"당연하지, 자네는 두는 것이 아니네. 속이는 것이지."

"그것이 혼인보류, 카네다류, 현대 신사류지. — 어이 쿠샤미 선생, 과연 도쿠센 군은 카마쿠라에 가서 짠지를 먹은 만큼 동요하지 않는군. 정말 탄복해 마지않네. 바둑은 서툴지만 배짱은 두둑해."

"그러니까 자네 같은 배짱 없는 사내는 약간 본받는 게 좋아."하고 주인이 등을 돌린 채 대답하기가 무섭게 메테 군은 커다란 빨간 혀를 낼름 내밀었다. 도쿠센 군은 추호도 상관하지 않는다는 듯이 "자, 자네 차례야."하고 또 상대를 재촉했다.

– 중략 –

p.78 "그건 그렇고, 칸게츠 군! 요즈음도 역시 학교에 가서 유리알만 갈고 있는 건가?"하고 메테 선생은 오래간만에 화제를 바꿨다.

"아니요, 요전까지 시골에 귀성해 있었으므로, 잠시 중지된 상태입니다. 유리알도 이제 싫증이 나서 실은 관둘까 생각하고 있습니다."

169

"그런데 유리알을 갈 수 없으면 박사가 될 수 없잖아."하고 주인은 약간 눈살을 찌푸렸으나, 본인은 의외로 태연하게,

"박사 말입니까, 에헤헤헤헤, 박사라면 이제 되지 않아도 좋습니다."

"그래도 결혼이 연기되어, 쌍방이 곤란하겠지?"

p.79 "결혼이라니 누구 결혼입니까?"

"자네 결혼 말일세."

"제가 누구와 결혼합니까?"

"카네다의 아가씨지."

"네~?"

"네라니, 그토록 약속이 있지 않은가?"

"약속 따위 없습니다, 그런 말을 퍼뜨리는 건 저쪽 멋대로입니다."

"이건 좀 거친걸. 그렇지 메테, 자네도 그 한 사건은 알고 있겠지?"

"그 사건이라니, 코 사건인가? 그 사건이라면, 자네와 내가 알고 있을 뿐 아니라, 공공연한 비밀로서 만천하에 알려져 있지.

p.80 실제로 『만초』 같은 데선 '새신랑 새색시'라는 표제로 두 사람 사진을 지상에 게재하는 영광은 언제냐 언제냐 하고, 성가시게 나한테 물으러 올 지경이야. 토후 군 같은 사람은 이미 원앙가라는 일대 장편시를 지어 3개월 전부터 기다리고 있는데, 칸게츠 군이 박사가 되지 못한 탓에 모처럼의 걸작도 제대로 쓰지 못하게 될 것 같아 걱정되어 견딜 수 없다고 하네. 어이, 토후 군 그렇지?"

"아직 걱정할 정도로 힘에 겹지는 않습니다만, 아무튼 한껏 진심으로 동정이 담긴 작품을 공표할 작정입니다."

"그것 보라고, 자네가 박사가 되느냐 못 되느냐로, 사방팔방에 엉뚱한 영향이 미치게 된다고. 좀 정신 차려서 유리알을 갈아 주게."

p.81 "헤헤헤헤, 여러 가지로 걱정을 끼쳐드려서 미안합니다만, 이제 박사가 되지 않아도 괜찮습니다."

"왜?"

"왜라뇨, 나한테는 이미 버젓한 아내가 있지요."

"아니, 이건 뜻밖이군! 어느새 비밀 결혼을 한 거지? 방심할 수 없는 세상이다. 쿠샤미 씨, 방금 들으신 대로 칸게츠 군은 이미 처자가 있답니다."

"어린애는 아직 없지요. 그렇게 결혼하고 한 달도 지나지 않은 사이에 어린애가 생기면 큰일이지요."

"원래 언제 어디서 결혼한 거지."하고 주인은 예심 판사 같은 질문을 던진다.

p.82 "언제라뇨, 고향에 돌아가자, 턱 하니 집에서 기다리고 있었던 겁니다. 오늘 선생님 댁에 가져온 이 가다랑어포는 결혼 축하 선물로 친척에게서 받은 겁니다."

"겨우 세 개로 축하하는 건 인색하군."

"뭐 많은 가운데 세 개만 가져온 겁니다."

"그럼 고향 여자군, 역시 피부색이 검겠지?"

"예, 새카맣습니다. 꼭 저한테는 어울리지요."

p.83 "그래서 카네다 쪽은 어떻게 할 작정이지?"

"어떻게 할 작정도 아닙니다."

"그건 좀 의리에 어긋날걸. 그렇지, 메테 군."

"어긋날 것도 없지. 다른 곳에 시집보내면 마찬가지지. 어차피 부부란 건 어둠 속에서 머리를 맞부딪치는 것 같은 것이지. 요컨대 머리를 맞부딪치지 않아도 될 것을 일부러 머리를 맞부딪치니까 쓸데없는 짓이지. 이미 쓸데없는 짓이라면 누구와 누구의 머리를 맞대도 상관있을 리가 없지. 다만 안쓰러운 건 원앙가를 만든 토후 군 정도지."

"뭐, 원앙가는 형편에 따라 이쪽으로 방향을 돌려도 좋습니다. 카네다 댁 결혼식에는 또 따로 만들 테니까요."

p.84 "과연 시인인 만큼 자유자재로군."

"카네다 쪽엔 거절했는가?"하고 주인은 아직 카네다 쪽을 걱정하고 있다.

"아니요. 거절할 이유가 없습니다. 내 쪽에서 달라고도 받고 싶다고도, 저쪽에 제의한 적은 없으니까, 잠자코 있으면 그만입니다. —뭐, 잠자코 있어도 그만이라고요. 지금쯤은 탐정이 10명이나 20명이나 달려들어 자초지종 빠짐없이 알려져 있을걸요."

탐정이라는 말을 들은 주인은 갑자기 씁쓰레한 얼굴을 하고,

"흥, 그렇다면 잠자코 있어."하고 분부했으나, 그래도 성이 차지 않은 듯, 더욱 탐정에 대해 아래와 같은 말을 자못 대의론처럼 말했다.

p.85 "부주의할 때 남의 주머니 속을 빼내는 것이 소매치기이고, 부주의할 때 남의 속마음을 낚는 것이 탐정이다. 부지불식간에 덧문을 열고 남의 소지품을 훔치는 것이

도둑이고, 부지불식간에 까딱 입을 잘못 놀려서 남의 마음을 읽는 것이 탐정이다. 칼을 다다미 위에 꽂고 억지로 남의 돈을 착복하는 것이 강도이고, 위협하는 말을 마구 늘어놓아 남의 의지를 강요하는 것이 탐정이다. 그렇기에 탐정이라는 놈은 소매치기, 도둑, 강도의 일족으로 도저히 인간으로서 상종할 수 없는 놈이다. 그런 놈이 하는 말을 들으면 버릇이 돼. 결코 굴복하지 말게."

"뭐 괜찮습니다. 탐정 천 명이고 이천 명이고, 윗자리에 대오를 정비해서 습격하더라도 무섭지 않습니다. 유리알 갈기의 명인 이학사 미즈시마 칸게츠인걸요."

p.86 "햐~햐~ 훌륭한 일이다. 과연 신혼 학사인 만큼 원기왕성한 사람이군. 그러나 쿠샤미 씨. 탐정이 소매치기, 도둑, 강도와 같은 패거리라면, 그 탐정을 부리는 카네다 군 같은 자는 무슨 패거리일까?"

"쿠마사카 초한 정도일까?"

"쿠마사카라니 좋은데. '하나인 줄 알았던 초한이 둘이 되어 사라졌구나.'라고 하지만, 그런 고리 대금으로 재산을 모은 건너편 골목의 초한 따위는 고집 세고 욕심쟁이여서 몇 살이 되어도 죽을 염려는 없지. 그런 녀석에게 붙잡힌다면 불운이지. 평생 탈이 된다고, 칸게츠 군, 조심하게."

p.87 "뭐, 괜찮아요. 오호라, 어마어마한 도둑이여. 솜씨는 전에도 알고 있을 터이다. 그래도 넌더리 내지 않고 쳐들어온다면 혼내 주마."하고 칸게츠 군은 태연자약하게 기세를 올려 기염을 토해 보인다.

"탐정이라고 하면 20세기 인간은 대개 탐정처럼 되는 경향이 있는데, 무슨 까닭일까?"하고 도쿠센 군은 도쿠센 군답게 시국 문제와는 관계 없는 초연한 질문을 제기했다.

"물가가 비싼 탓이겠죠."라고 칸게츠 군이 대답한다.

"예술 취미를 모르기 때문이겠지요."라고 토후 군이 대답한다.

"인간에게 문명의 뿔이 나서 별사탕처럼 조바심을 내기 때문이야."라고 메테 군이 대답한다.

p.88 이번에는 주인이 나설 차례다. 주인은 거드름 피우는 말투로 이런 의론을 시작했다.

"그것은 내가 꽤 생각한 일이지. 내 해석에 따르면 현대 사람들의 탐정과 같은 경향은 오로지 개인의 자각심이 지나치게 강한 것이 원인이다. 내가 자각심이라고 이름 붙인 것은 도쿠센이 말하는 견성성불이라든가 자기는 천지와 동일체라든가 하는 오도와는 다른 것이네……."

"어허, 꽤 어려워졌군. 쿠샤미 군, 자네가 그런 대의론을 입에 올린 이상은 이렇게 말하는 메테도 송구스럽지만 나중에 현대 문명에 대한 불평을 당당히 말하지."

"네 멋대로 말하라고, 말할 것도 없는 주제에."

p.89 "말할 것이 있지. 많이 있어. 자네 따위는 요전에는 형사 순사를 하느님처럼 섬기고, 또 오늘은 탐정을 소매치기 도둑에 비유하고, 마치 모순의 화신이지만, 나 같은 사람은 시종일관 내가 존재하기 이전부터 지금에 이르기까지 일찌기 내 의견을 바꾼 적이 없는 사내야."

"형사는 형사다. 탐정은 탐정이다. 요전은 요전이고 오늘은 오늘이다. 자기 의견이 변하지 않는 것은 발달하지 않는 증거네. 어리석은 자는 항상 어리석다고 한 것은 자네를 두고 하는 말일세……."

"이건 심하군. 탐정도 그렇게 정면으로 나오면 귀여운 데가 있어."

"내가 탐정?"

"탐정이 아니니까 정직해서 좋다는 것일세. 싸움은 그만, 그만. 자, 그 대의론의 뒤를 경청하자고!"

p.90 "오늘날 사람들의 자각심이란 건 자기와 타인 사이에 확연한 이해의 격차가 있다는 것을 너무 잘 알고 있다고 하는 것이다. 그리고 이 자각심은 문명이 진보함에 따라 나날이 예민해져서 마지막에는 일거수일투족도 자연스럽지 못하게 된다. 헨리라는 자가 스티븐슨을 평하여, 그는 거울이 걸려 있는 방에 들어가 거울 앞을 지날 때마다 자기 모습을 비쳐 보지 않고선 마음이 놓이지 않을 정도로 잠시도 자기를 잊을 수 없는 사람이라고 평한 것은 오늘날의 추세를 잘 표현한 것이다. 자도 '나', 깨도 '나', 이 '내'가 도처에 따라다니기에 인간의 행위와 언동이 인공적으로 사소한 일에 얽매일 뿐, 스스로 갑갑해질 뿐, 세상이 괴로워질 뿐, 꼭 맞선을 보는 젊은 남녀의 기분으로

p.91 아침부터 밤까지 지내지 않으면 안 되지. 느긋함이라든지 침착이라든지 하는 글자는 획은 있어도 의미가 없는 말이 되고 말아. 이 점에 있어서 오늘날의 사람은 탐정적이다. 도둑놈이다. 탐정은 남의 눈을 속이고 혼자만 잘해 보려고 하는 직업이니까 자연히 자각심이 강하지 않으면 안 돼. 도둑놈도 잡히느냐 들키느냐 하는 걱정이 마음속에서 떠나지 않으니까 자연히 자각심이 강해지지 않을 수 없어. 오늘날의 사람들은 어떻게 하면 자기에게 이익이 되는지, 손해가 되는지를 자나 깨나 늘 생각하고 있으니

자연히 탐정이나 도둑처럼 자각심이 강해지지 않을 수 없다. 종일 두리번두리번, 살금살금 무덤에 들어갈 때까지 잠시도 안심할 수 없는 것은 오늘날 사람들의 마음이다. 문명의 저주다. 어리석은 노릇이지."

p.92 "과연 재미있는 해석이군."하고 도쿠센 군이 말을 꺼냈다. 이런 문제가 되면 도쿠센 군은 좀처럼 물러나 있지 않는 사내다. "쿠샤미 군의 설명은 꼭 내 뜻과 같네. 옛날 사람은 자기 자신을 잊으라고 가르쳤어. 오늘날의 사람은 자기 자신을 잊지 말라고 가르치니 전혀 달라. 종일 자기 자신이라는 의식을 갖고 충만해 있지. 그래서 종일 태평할 때가 없어. 언제든 타는 듯 뜨거운 지옥이야. 천하에 무엇이 약인가 하니 자기 자신을 잊는 것보다 약이 되는 것은 없어. '한밤중 달빛 아래에서 무아의 경지에 든다'는 것은 이런 최고의 경지를 읊은 것일세. 오늘날의 사람은 친절하더라도 자연스러움이 결여되어 있지. 영국의 '나이스(nice)'라고 자랑하는 행위도 의외로 자각심이 넘치지.

p.93 영국의 왕이 인도로 놀러가서 인도 왕족과 식탁을 함께 했을 때 그 왕족이 황왕 앞이란 것도 잊고 무심결에 자기 나라 식으로 감자를 손으로 집어 들어 접시에 덜었다가 나중에 새빨갛게 낯을 붉히고 크게 부끄러워했더니, 왕은 모른 척하고서 역시 두 손가락으로 감자를 접시에 덜었다고 한다……."

"그것이 영국 취미인가요?" 이것은 칸게츠 군의 질문이었다.

"나는 이런 얘기를 들었네."하고 주인이 뒤를 잇는다.

"역시 영국의 어느 병영에서 연대의 사관이 여러 명이서 한 명의 하사관을 대접한 일이 있네. 식사가 끝나고 손 씻을 물을 유리그릇에 담아서 내놓자, 이 하사관은 연회에 익숙하지 않았던 듯 유리그릇을 입에 대고 그 안의 물을 꿀꺽 마셔 버렸어.

p.94 그러자 연대장이 갑자기 '하사관의 건강을 축복한다.'고 말하면서 역시 핑거 볼의 물을 단숨에 다 마셔 버렸다는 거야. 그곳에 나란히 앉아 있던 사관들도 서로 앞을 다투어 물 축배를 들어 하사관의 건강을 축복했다는 걸세."

"이런 얘기도 있지."하고 잠자코 있는 것을 싫어하는 메테 군이 말했다. "칼라일이 처음으로 여왕을 알현했을 때, 궁정 예식에 따르지 않는 괴짜라, 선생이 갑자기 '안녕하세요.' 하면서 털썩 의자에 앉았네. 그런데 여왕의 뒤에 서 있던 많은 시종과 관녀가 모두 킥킥 하며 웃음을 터뜨렸다. ——터뜨린 게 아니라, 터뜨리려 했지, 그러자 여왕이 뒤를 향해 잠시 무언가 신호를 하자, 많은 시종 관녀들이 어느새 모두 의자에 걸터앉아, 칼라일은 면목을 잃지 않았다고 하던데, 정성들인 친절도 있었지."

p.95 "칼라일이라면 모두가 서 있어도 태연했을지도 모르지요."하고 칸게츠 군이 단평을 시도했다.

"친절 쪽의 자각심은 뭐 좋지만 말이야."하고 도쿠센 군은 진행한다.

"자각심이 있는 만큼 친절을 베푸는 데도 힘들어지는 셈이지. 딱한 일이야. 문명이 진보함에 따라서 살벌한 분위기가 없어지고, 개인과 개인의 교제가 온화해진다고 보통 말하지만, 크게 틀린 말이지. 이렇게 자각심이 강해지고서 어떻게 온화해진단 말인가? 하긴 얼핏 봐선 매우 조용하고 평온한 듯하지만 상호간은 매우 고통스럽지. 마치 씨름 꾼이 씨름판의 한가운데서 서로 양팔을 맞잡고 꼼짝하지 않는 것과 같은 거겠지. 옆에 서 보면 지극히 평온하지만 당사자들의 마음은 물결치고 있지 않은가."

p.96 "싸움도 옛날 싸움은 폭력으로 압박하는 것이었기에 오히려 죄는 없었지만, 요즈음은 상당히 교묘해져서 더욱더 자각심이 늘어가지."라고 차례가 메테 선생의 머리 위로 돌아온다.

"베이컨의 말에 '자연의 힘을 따름으로써 비로소 자연을 이긴다.'라고 있지만, 지금의 싸움은 정말로 베이컨의 격언대로 되어 있어서 신기하지. 마치 유도와 같은 것이지. 적의 힘을 이용해서 적을 쓰러뜨리는 것을 생각하는……."

"또는 수력 전기 같은 것이네요. 물의 힘을 거스르지 않고 오히려 이를 전력으로 변화 시켜 훌륭하게 도움이 되게 하는……."하고 칸게츠 군이 말하자, 도쿠센 군이 곧바로 뒤를 이었다. "그렇기 때문에 가난할 때는 가난에 얽매이고, 부자일 때는 부에 얽매이고,

p.97 걱정할 때는 걱정에 얽매이고, 기쁠 때는 기쁨에 얽매이는 법일세. 재주꾼은 재주로 쓰러지고, 지혜로운 사람은 지혜로 패하고, 쿠샤미 군 같은 불뚱이는 짜증을 이용하기만 하면 금방 뛰쳐나와서 적의 속임수에 걸려든다……."

"야아 야아."하고 메테 군이 박수를 치자, 쿠샤미 선생은 히죽히죽 웃으면서 "이래 봬도 좀처럼 그리 잘 되지는 않는다네."하고 대답하자, 모두 동시에 웃음을 터뜨렸다.

"그런데, 카네다 같은 사람은 무엇 때문에 쓰러질까?"

"아내는 코로 쓰러지고, 주인은 업보로 쓰러지고, 부하들은 탐정으로 쓰러진달까."

"딸은?"

p.98 "딸은 — 딸은 본 적이 없기 때문에 뭐라고 말할 수 없지만 — 우선 옷치레로 망하거나, 먹어서 망하거나, 혹은 술주정뱅이 같은 부류겠지. 설마 연애로 쓰러지지는 않겠지. 어쩌면 소토바 코마치처럼 행로병자가 될지도 몰라."

"그건 좀 심한데."하고 신체시를 바친 (사람인) 만큼 토후 군이 이의를 제기했다.

"그러니까 '소유욕을 버리면 자연히 바른 마음이 생긴다'는 것은 중요한 말일세, 그런 경지에 이르지 못하면 인간은 괴롭게 되지."하고 도쿠센 군은 계속해서 홀로 깨달은 듯한 소리를 한다.

"그렇게 잘난 체하지 말게. 자네 같은 사람은 어쩌면 번갯불에 맞아 거꾸로 쓰러질지도 모른다고."

p.99 "아무튼 이런 추세로 문명이 진보해 가는 날에는 나는 살아 있는 것이 싫다."하고 주인이 말을 꺼냈다.

"사양할 것 없으니 죽으라고."하고 메테 군이 말이 떨어짐과 동시에 딱 잘라 말 한다.

"죽는 건 더욱 싫어!"하고 주인이 이해 못할 고집을 부린다.

"태어날 땐 누구도 숙고해서 태어나는 사람은 없습니다만, 죽을 땐 누구나 걱정하는 것 같네요."하고 칸게츠 군이 서먹서먹한 격언을 말한다.

"돈을 빌릴 때는 아무런 생각 없이 빌리지만, 갚을 때는 모두 걱정하는 것과 똑같지."하고 이런 때 바로 대답할 수 있는 사람은 메테 군이다.

p.100 "빌린 돈을 갚을 생각을 하지 않는 사람은 행복한 것처럼 죽는 것을 걱정하지 않는 사람은 행복하지."하고 도쿠센 군은 초연하게 세상의 번뇌를 끊은 것 같다.

"자네처럼 말하면 결국 뻔뻔스런 자가 깨달은 것이군."

"그렇지, 선어에 '철우면의 철우심, 우철면의 우철심(철로 만든 소처럼 지레로 움직이지 않는 마음)'이라는 말이 있어."

"그리고 자네는 그 표본이란 건가?"

"그렇지도 않지. 그러나 죽는 것을 염려하게 된 것은 신경쇠약이란 병이 발명되고 나서 이후의 일이지."

"과연 자네 같은 사람은 어딜 봐도 신경쇠약 이전의 백성일세."

메테와 도쿠센이 묘한 응수를 끊임없이 하고 있자, 주인은 칸게츠 토후 두 사람을 상대로 계속해서 문명에 대한 불평을 떠들어대고 있다.

p.101 "어떻게 해서 빌린 돈을 갚지 않고서 때우느냐가 문제다."

"그런 문제는 없지요. 빌린 것은 갚지 않으면 안 되지요."

"말하자면, 의견이니까 잠자코 들으라고. 어떻게 해서 빌린 돈을 갚지 않고 때우느냐가 문제인 것처럼, 어떻게 하면 죽지 않고 때우느냐가 문제다. 아니 문제였네. 연금

술은 바로 이것이지. 모든 연금술은 실패했네. 인간은 아무래도 죽지 않으면 안 된다는
사실이 분명해졌어."

"연금술이 있기 이전부터 분명하지요."

"뭐~, 의견이니까 잠자코 듣고 있게. 알겠나? 아무래도 죽지 않으면 안 된다는 사실
이 분명해졌을 때 제2의 문제가 발생하네."

p.102 "허."

"어차피 죽는다면 어떻게 죽으면 좋을까? 이것이 제2의 문제지. 자살 클럽은 이 제2
의 문제와 함께 생겨야 할 운명을 가지고 있어."

"과연 그렇군."

"죽는 것은 고통스럽다, 그러나 죽을 수 없으면 더욱 고통스러워. 신경쇠약에 걸린 국
민에게는 살아 있는 것이 죽음보다도 훨씬 고통이야. 따라서 죽음을 염려하지. 죽는 것
이 싫기 때문에 염려하는 것이 아니야. 어떻게 죽는 것이 가장 좋을지를 걱정하는 것이지.
단지 대개의 사람들은 지혜가 부족하여 자연 그대로 방치해 두고 있는 사이에 세상이 괴
롭혀서 죽여 준다. 그러나 보통내기가 아닌 사람은 세상이 야금야금 괴롭혀서 죽는데
만족하지 않지. 반드시 죽는 방법에 대해 여러 가지 연구한 결과 참신한

p.103   명안을 내놓을 것임에 틀림없어. 그러므로 향후 세계의 추세는 자살자가
증가하고 그 자살자가 모두 독창적인 방법으로 이 세상을 떠나게 될 것임에 틀림없어."

"상당히 살벌한 일이 되겠군요."

"되겠지. 틀림없이 될 거야. 아서 존스라는 사람이 쓴 각본 속에 빈번히 자살을 주장
하는 철학자가 있어……."

"자살합니까?"

"그런데 애석하게도 하지 않지만. 그러나 이제부터 천 년이나 지나면 모두 실행할 것임
에 틀림없어. 만 년 후에는 죽음이라면 자살 외에는 존재하지 않는 것으로 여겨지게 되지."

p.104 "큰일 나겠네요."

"나지, 틀림없이 나지. 그렇게 되면 자살도 꽤 연구가 쌓여 훌륭한 과학이 되어서, 라
쿠운칸 같은 중학교에서 윤리 대신에 자살학을 정규 과목으로 가르치게 된다."

"묘하네요, 방청하러 가고 싶을 정도네요. 메테 선생님 들으셨습니까? 쿠샤미 선생
님의 명론을."

"들었지. 그때가 되면 라쿠운칸의 윤리 선생은 이렇게 말하겠지. 여러분, 공중 도덕

이니 뭐니 하는 야만적인 유풍을 고수해서는 안 됩니다. 세계의 청년으로서 여러분이 첫째로 주의해야 할 의무는 자살이다. 그리고 자신이 좋아하는 것은 이를 타인에게 베풀어도 좋을 테니 자살을 일보 전개하여 타살로 해도 좋다.

p.105　　특히 앞의 가난한 학자 친노 쿠샤미 씨 같은 사람은 살아 있는 것이 무척 고통스러워 보이므로, 한시라도 빨리 죽여드리는 것이 여러분의 의무다. 무엇보다도 옛날과 달리 오늘날은 개화된 시대이므로 창, 칼 또는 총 같은 것을 사용하는 비겁한 행동을 해서는 안 됩니다. 다만 빗대어 빈정거리는 고상한 기술로 조롱해서 죽이는 것이 본인을 위한 공덕도 되고, 또 여러분의 명예도 되는 것입니다.”

　“과연 재미있는 강의를 하네요.”

　“아직 재미있는 일이 있지. 현대는 경찰이 국민의 생명과 재산을 보호하는 것을 제1의 목적으로 하고 있다. 그런데 그 시절이 되면 순사가 개 잡는 것 같은 몽둥이로 천하의 시민을 돌아다니며 때려죽인다.”

p.106　　“왜지요?”

　“왜라니, 지금의 인간들은 생명이 소중하니까 경찰이 보호하지만, 그 시절의 국민은 살아 있는 것이 고통이니까, 순사가 자비심에서 때려 죽여 주는 것이지. 좀 더 눈치 빠른 사람은 대개 자살해 버리지만, 순사에게 맞아 죽는 놈은 어지간히 패기가 없는 사람이나, 자살할 능력이 없는 백치 혹은 불구자에 한하지. 그래서 살해당하고 싶은 인간은 문간에 벽보를 붙여 두는 것이지. 뭐 다만 ‘살해당하고 싶은 사내 있음’이라든가 ‘살해당하고 싶은 여자 있음’이라든가, 붙여 두면 순사가 형편이 좋을 때 와서, 곧 바람대로 처리해 주는 거야. 시체 말인가? 시체는 역시 순사가 수레를 끌고 와 돌아다니며 치우는 것이지. 아직 재미있는 것이 더 나오네.”

p.107　　“아무래도 선생님의 농담은 끝이 없네요.”하고 토후 군이 크게 감탄하고 있다. 그러자 도쿠센 군은 예의 염소수염을 신경 쓰면서 느릿느릿 말하기 시작했다.

　“농담이라면 농담이지만, 예언이라면 예언인지도 모르네. 진리에 철저하지 못한 사람은 아무튼 눈앞의 현상 세계에 속박되어 물거품 같은 몽환을 영원한 사실로 인정하고 싶어하는 법이니까 조금 동떨어진 것을 말하면 곧 농담으로 하고 말지.”

　“연작이 어찌 대붕의 뜻을 알리오? 그거죠.”하고 칸게츠 군이 황송해하자, 도쿠센 군은 그렇지 하고 당장 말하려는 듯한 표정으로 얘기를 이어간다.

— 중략 —

p.108　　“메지(明治) 성대에 태어나서 다행이지. 나 따위는 미래기를 쓰는 만큼, 두 뇌가 시세보다 한두 걸음씩 앞으로 나가 있기 때문에 분명히 지금부터 독신으로 있는 거지. 남들은 실연의 결과라는 둥 떠들지만, 근시안자들이 보는 바는 실로 가엾을 정도로 천박한 것이다. 그건 어쨌든, 미래기의 속편을 얘기하면 이렇네. 그때 한 사람의 철학자가 하늘에서 내려와, 전대미문의 진리를 앞장서서 주장한다. 그 주장으로 말하면. 인간은 개성의 동물이다. 개성을 없애 버리면 인간을 없애 버림과 같은 결과에 빠진다. 적어도 인간의 의의를 완전하게 하기 위해서는 어떤 값을 치루더라도 상관없으니까, 이 개성을 유지함과 동시에 발달시키지 않으면 안 된다. 그 나쁜 습관에 얽매여, 마지못해 결혼을 집행하는 것은 인간의 자연스러운 경향에

p.109　　반한 야만적인 풍습이고, 개성이 발달하지 못한 몽매한 시대라면 모르지만, 문명의 오늘날에 더욱 이 폐해에 빠져 태연히 반성하지 않는 것은 심히 그릇된 생각이다. 개화가 고조도에 달한 오늘에 있어서 두 개성이 보통 이상으로 친밀한 정도로 연결되어야 할 이유가 있을 턱이 없다. 이런 알기 쉬운 이유가 있음에도 불구하고, 교육받지 못한 청년남녀가 일시적인 열정에 사로잡혀, 함부로 결혼식을 올리는 것은 패덕몰륜의 극심한 소행이다. 우리들은 인간의 도리를 위해, 문명을 위해, 그들 청년남녀의 개성을 보호하기 위해, 전력을 다해 야만적인 풍습에 저항하지 않으면 안 된다……."
　　“선생님, 저는 그 주장에는 전적으로 반대입니다.”하고 토후 군은 이때 대담한 어투로 딱 하고 손바닥으로 무릎을 쳤다. “제 생각으론 세상에 그 무엇이 소중하다고 해도 사랑과 아름다움만큼 소중한 것은 없다고

p.110　　생각합니다. 우리들을 위로하고, 우리들을 완전하게 하고, 우리들을 행복하게 하는 것은 전적으로 양자의 덕택입니다. 우리들의 정조를 우아하고 아름답게 하고, 품성을 고결하게 하고, 동정을 세련되게 하는 것은 전적으로 양자의 덕택입니다. 그러므로 우리들은 어느 세상 어느 곳에 태어나더라도 이 두 가지를 잊을 수가 없습니다. 이 두 가지가 현실 세계에 나타나면 사랑은 부부라는 관계가 됩니다. 아름다움은 시가, 음악의 형식으로 나뉩니다. 그래서 적어도 인류가 지구 표면에 존재하는 한 부부와 예술은 결코 없어지는 일은 없을 것이라고 생각합니다.”
　　“없다면 좋지만, 지금 철학자가 말한 대로 분명히 없어져 버리니까 어쩔 수 없다고, 체념하는 거지. 뭐 예술이라고?

p.111　　예술도 부부와 같은 운명으로 귀착하지. 개성의 발전이란 개성의 자유란 의미겠지. 개성의 자유란 의미는 나는 나, 남은 남이라는 의미겠지. 그 예술 따위 존재할 수 있을 리가 없지 않은가? 예술이 번창하는 것은 예술가와 그 예술을 누리는 사람 사이에 개성의 일치가 있기 때문이겠지. 자네가 아무리 신체시 시인이라고 주장해도 자네의 시를 읽고 재미있다고 하는 사람이 한 사람도 없으면, 자네의 신체시도 안 됐지만 자네 외에 독자는 없어지는 것이지. 원앙가를 몇 편 지어봤자 소용없지. 다행히 메지(明治) 시대인 오늘날 태어나서 천하가 모두 애독하겠지만……."

"아니요, 그 정도는 아닙니다."

p.112　　"지금도 그럴 정도가 아니라면, 인문이 발달한 미래, 즉 예의 일대 철학자가 나와 비결혼론을 주장할 때는 누구도 독자는 없어지네. 아니, 자네 것이라서 읽지 않는 것이 아냐. 사람마다 각각의 특별한 개성을 갖고 있으니까, 남이 지은 시문 따위는 조금도 재미있지 않은 거야. 실제로 지금도 영국 등에서는 이런 경향이 분명히 나타나고 있어. 현재 영국 소설가 중에서 가장 개성이 두드러진 작품으로 나타난 멜레디스를 보게나, 제임스를 보게나. 독자는 극히 적지 않은가? 적을 수밖에. 그런 작품은 그런 개성을 가진 독자가 아니면 읽어서 재미없기 때문에 어쩔 수가 없지. 이런 경향이 점점 발달해서 혼인이 부도덕해질 때는 예술도 완전히 멸망하지. 그렇지? 자네가 쓴 것은 나는 알 수 없게 되고 내가 쓴 것은 자네가 알 수 없게 된 날엔 자네와 나 사이에는 예술 따윈 필요 없지 않겠는가?"

p.113　　"그야 그렇지만요, 나는 도무지 직관적으로 그렇게 생각되지 않습니다."

"자네가 직관적으로 그렇게 생각하지 않으면, 나는 곡각적으로 그렇게 생각할 뿐일세."

"곡각적일지도 모르지만."하고 이번에는 도쿠센 군이 말참견한다.

"아무튼 인간에게 개성의 자유를 허용하면 허용할수록 서로의 사이가 거북해질 것이 틀림없지. 니체가 초인 따위 내세운 것도 전적으로 이 거북함을 가지고 갈 곳이 없어져서 어쩔 수 없이 그런 철학으로 변형시킨 것이지. 얼핏 보면 그것이 그 남자의 이상처럼 보이지만, 그건 이상이 아니고 불평이지. 개성이 발달한 19세기에 위축되어, 이웃사람에게는 격의 없이 좀처럼 몸을 뒤치지도 못하니까, 이 사람 약간 자포자기가 되어 그런 난폭한 것을

p.114　　마구 쓴 것이지. 그것을 읽으면 장쾌하다기보다 차라리 가엾어지지. 그 목소리는 용맹정진의 소리가 아니고, 아무래도 원한통분의 소리야. 그도 그럴 것이 옛날에는 훌륭한 사람이 한 사람 있으면 천하가 흡연히 그 깃발 아래 모이는 것이니까 유쾌한

것이지. 이런 유쾌함이 사실로 나오면 뭐든 니체처럼 붓과 종이의 힘으로 이를 서적 위에 표현할 필요가 없네. 그러니까 호머라도 체비 체즈라도 똑같이 초인적인 성격을 묘사하여도 느낌이 전혀 다르니까 말이지. 쾌활하지. 유쾌하게 쓰여 있어. 유쾌한 사실이 있고 이 유쾌한 사실을 종이에 고쳐 쓴 것이니까, 씁쓸한 맛은 없을 테지. 니체의 시대엔 그렇게는 안 되지. 영웅 따윈 한 사람도 안 나와. 옛날에는 공자가 단지 한 사람이었으니까 공자도

p.115　　활개를 친 것이지만, 지금은 공자가 몇 사람이나 있네. 어쩌면 천하가 모두 공자인지도 몰라. 그러니까 '난 공자다'라고 뽐내도 영향력이 없어. 영향력이 없으니까 불평하지. 불평하니까 초인 따위를 책 위에서만 휘두르는 거지. 우리는 자유를 원해서 자유를 얻었다. 자유를 얻은 결과 부자유를 느껴 난처해하지. 그러니까 서양의 문명 따위는 약간 좋은 것 같아도 결국 좋지 않은 것이지. 이에 반해서 동양에서는 옛날부터 마음의 수행을 했다. 그 편이 옳은 것이지. 보게. 개성의 발전의 결과 모두 신경 쇠약을 일으켜 수습이 되지 않게 되었을 때, '왕자지민은 탕탕하도다(덕이 있는 임금이 다스리는 백성은 마음이 편하다)'라는 시구의 가치를 비로소 발견하니까, '무위이화(억지로 꾸밈이 없어야 백성들이 진심으로 따르게 된다)'라는 말을 무시할 수 없음을 깨달을 테니까. 그러나 깨달았다 해도 그때는 이미 어쩔 수 없어. 알코올 중독에 걸려 '아아 술을 마시지 않았다면 좋았다'고 생각하는 것 같은 것이지."

p.116　　"선생님들께선 상당히 염세적인 주장을 하시는 것 같은데, 저는 이상하네요. 여러 가지 말씀을 들어도 도통 어떻게도 느껴지지 않습니다. 왜 그럴까요?"하고 칸게츠 군이 말한다.

　"그건 아내를 막 얻었기 때문이지."하고 메테 군이 곧 해석했다. 그러자 주인이 갑자기 이런 말을 꺼내기 시작했다.

　"처를 얻고서, 여자는 좋은 것이구나 생각하면 얼토당토않은 잘못이네. 참고를 위해서 내가 재미있는 것을 읽어 들려 주지. 잘 듣는 게 좋아."하고 조금 전 서재에서 가져온 낡은 책을 집어 들고

　"이 책은 낡은 책이지만, 이 시대부터 여자가 나쁘다는 사실은 확실히 알고 있네."라고 하자, 칸게츠 군이

　"약간 놀랐습니다. 원래 언제쯤의 책입니까?"하고 묻는다.

p.117　　"토머스 내시라고 16세기 저서야."

　"더욱더 놀랍군. 그 시절에 이미 저의 처에 대해 험담을 한 자가 있습니까?"

"여러 가지 여자의 험담이 있지만, 그중엔 필시 자네 처도 들어갈 테니 듣는 것이 좋아."

"예, 듣겠습니다. 고마운 일이 되었네요."

"우선 예로부터의 사리에 밝은 사람이 여성관을 소개해야 한다고 쓰여 있어. 됐는가? 듣고 있는가?"

"모두 듣고 있지. 독신인 나까지 듣고 있네."

"아리스토텔레스가 말하길, 여자는 어차피 쓸모없다면, 신부를 얻으려면 큰 신부보다 작은 신부를 얻어야 한다. 큰 쓸모없는 쪽보다 작은 쓸모없는 쪽이 화가 적으니……."

p.118 "칸게츠 군의 아내는 큰가, 작은가?"

"큰 쓸모없는 부류입니다."

"하하하하, 이거 재미있는 책이다. 자, 뒤를 읽으라고."

"어떤 사람이 묻는다. 어떠한가? 이 최대 기적이란. 현자가 답하여 가라사대, 정숙한 여자……."

"현자란 누구입니까?"

"이름은 쓰여 있지 않아."

"어차피 여자에게 채인 현자임에 틀림없군."

"다음에는 디오니시우스가 나오네. 어떤 사람이 묻는다. 아내를 맞으려면 어느 때에 맞아야 하는가? 디오니시우스 답하여 이르기를 청년은 아직 멀었고, 노년은 늦었느니라라고 되어 있어."

"선생님답게 궁리했군요."

p.119 "피타고라스가 말하기를 천하에 세 가지 무서워할 것이 있다. 가라사대 불, 가라사대 물, 가라사대 여자이다."

"그리스의 철학자 따윈 의외로 경솔한 것을 말하는군. 나에게 말하게 하면 천하에 두려워할 게 없다. 불에 들어가 타지 않고, 물에 들어가 빠지지 않고……."만으로 도쿠센 군은 약간 막힌다.

"여자를 만나 넋을 빼앗기지 않고겠지."하고 메테 선생이 원병으로 나선다. 주인은 척척 다음을 읽는다.

"소크라테스는 부녀자를 다루는 것은 인간의 가장 어려운 일이라고 하였다. 데모스테네스가 이르길, 사람이 만약 그 적을 괴롭히려거든 자기 여자를 적에게 주는 것보다 나은 계책은 없느니라. 가정의 풍파로 밤낮 없이 그를 고달프게 하여 일어나지 못하게 할 수 있기 때문이니라.

p.120   세네카는 부녀와 무학을 세계에 있어서의 2대 재앙이라고 했고, 마르쿠스 아우렐리우스는 여자는 제어하기 힘든 점에서 선박을 닮았다고 했고, 플라우투스는 여자가 아름다운 옷을 화려하게 차려입는 버릇을 그 타고난 추함을 감추려는 졸렬한 책략에 기인한 것이라 하였다. 발레리우스는 일찍이 서간을 그 아무개 친구에게 보내 고하며 가라사대, 천하에 무슨 일이고 여자가 몰래 하지 못한 일이 없도다. 바라건대 하늘의 신이시여 자비를 베푸셔서, 그대로 하여금 그녀들의 술수에 빠지지 않도록 하옵소서. 그는 또 가라사대, 여자란 무엇인가? 우애의 적이 아닌가! 피할 수 없는 괴로움이 아닌가! 필연적인 해가 아닌가! 자연의 유혹이 아닌가! 꿀과 같은 독이 아닌가! 만약 여자를 버리는 것이 부도덕이라면, 그들을 버리지 못하는 것은 한층 더한 가책이라고 하지 않을 수 없다."

p.121   "이제 됐습니다, 선생님. 그만큼 아내의 험담을 들으면 부족한 바는 없습니다."
 "아직 4, 5페이지 있으니, 내친김에 들으면 어때?"
 "이제 적당히 하는 게 좋겠네. 이제 부인이 돌아오실 시간이지."하고 메테 선생이 놀려대자, 거실 쪽에서
 "키요야, 키요야"하고 부인이 하녀를 부르는 소리가 난다.
 "이크, 큰일 났네! 부인은 확실히 있네, 자네."
 "으흐흐흐."하고 주인은 웃으면서 "상관없어."하고 말했다.
 "부인, 부인. 언제 돌아오셨어요?"
 거실에서는 쥐 죽은 듯이 대꾸가 없다.
 "부인, 방금 얘기를 들으셨습니까? 네?"
 대꾸는 아직 없다.

p.122   "방금 한 얘기는 말이죠, 남편의 생각은 아닙니다. 16세기 내시 군의 주장이니까 안심하세요."
 "몰라요."하고 부인은 먼 데서 간단한 대답을 했다. 칸게츠 군은 키득키득 웃었다.
 "나도 모르고 실례했습니다. 아하하하."하고 메테 군은 거리낌없이 웃자, 현관문을 사납게 열고, 부탁한다고도, 실례한다고도 하지 않고, 큰 발소리를 냈는가 싶더니, 응접실의 장지문이 난폭하게 열리고, 타타라 산페 군의 얼굴이 그 사이에서 나타났다.
 산페 군은 오늘 평소와 달리 새하얀 셔츠에 새로 맞춘 프록코트를 입고, 이미 어지간히 취기가 도는 데다, 오른손에 무거운 듯이 든 네 병의 맥주를 새끼줄로 묶은 채, 가다랑어포 옆에 내려놓음과 동시에, 인사도 하지 않고 털썩 앉아서, 또 무릎을 펴고 편히 앉은 것은 눈부신 무사다운 행동이다.

p.123　　“선생님, 위염은 근래 어떻습니까? 이렇게 집에만 계시니까 안 됩니다.”

“아직 나쁘다고도 뭐라고도 하지 않았잖아.”

“말씀하지 않았지만, 안색이 좋지 않은 듯합니다. 선생님 안색이 누렇습니다. 요즘은 낚시가 좋습니다. 시나가와에서 배를 한 척 세내어—저는 요전 일요일에 갔었습니다.”

“뭔가 낚았나?”

“아무것도 못 낚았습니다.”

“못 낚아도 재미있는 건가?”

“호연지기를 기르는 겁니다. 선생님! 어떻습니까, 여러분. 낚시하러 간 적이 있습니까? 재미있지요, 낚시는. 커다란 바다 위를 작은 배로 돌아다니는 겁니다.”하고 아무에게나 가차 없이 말을 건다.

p.124　　“난 작은 바다 위를 큰 배로 마구 돌아다니고 싶네.”하고 메테 군이 상대가 된다.

“어차피 낚는다면 고래나 인어라도 낚지 않으면 소용없지요.”하고 칸게츠 군이 대답했다.

“그런 것을 낚을 수 있습니까? 문학자는 상식이 없네요…….”

“난 문학자가 아닙니다.”

“그렇습니까? 무엇입니까, 당신은? 나 같은 비즈니스맨이 되면 상식이 가장 중요하니까요. 선생님, 저는 근래에 어지간히 상식이 풍부해졌습니다. 아무래도 그런 곳에 있으면 주위가 주위여서 저절로 그렇게 되어 버립니다.”

“어떻게 되어 버리는 것이지?”

p.125　　“담배라도 말입니다, 아사히나 시키시마를 피워서는 말발이 서지 않습니다.”라고 말하면서, 필터에 금박이 붙은 이집트 담배를 꺼내서 뻐끔뻐끔 피기 시작했다.

“그런 사치를 할 돈이 있나?”

“돈은 없지만, 곧 어떻게 됩니다. 이 담배를 피우고 있으면, 매우 신용이 다릅니다.”

“칸게츠 군이 유리알을 가는 일보다 편한 신용이라서 좋구먼, 손이 덜 간다. 간편한 신용이구만.”하고 메테가 칸게츠에게 말하자, 칸게츠가 아무런 대답도 하지 않는 동안에, 산페 군은

“당신이 칸게츠 씨입니까? 박사는 결국 안 됩니까? 당신이 박사가 되지 않으니까, 제가 맞아들이기로 했습니다.”

p.126 "박사 학위 말입니까?"

"아니요. 카네다 씨 댁 따님을 말입니다. 사실은 미안하다고 생각합니다. 그러나 저쪽에서 꼭 맞아 달라고 해서 마침내 장가들기로 결정했습니다, 선생님. 그러나 칸게츠 씨한테 도리가 아니라고 생각해서 걱정하고 있습니다."

"아무쪼록 염려 마시고."하고 칸게츠 군이 말하자, 주인은

"맞이하고 싶으면 맞이하면 되지."하고 애매한 대답을 한다.

"그건 경사스런 얘기군. 그러니까 어떤 아가씨든 걱정할 건 없다는 거야. 누군가를 맞이하면, 아까 내가 말한 대로 어엿한 이런 훌륭한 신사인 신랑감이 생겼지 않은가. 토후 군, 신체시 거리가 생겼네. 당장 시작하게."

p.127 하고 메테 군이 언제나처럼 우쭐해지자 산페 군은

"당신이 토후 군입니까? 결혼할 때 뭐든 지어 주지 않겠습니까? 곧 활판으로 만들어 여기저기에 배부하겠습니다. 잡지『태양』에도 내도록 하겠습니다."

"예, 뭔가 짓지요. 언제쯤 필요하신가요?"

"언제라도 좋습니다. 지금까지 지은 것 중에서도 좋습니다. 그 대신에 말입니다. 피로연 때 불러서 대접하겠습니다. 샴페인을 대접하지요. 당신, 샴페인을 마셔본 적이 있습니까? 샴페인은 맛있습니다.—선생님, 피로연 때 악대를 부를 작정인데, 토후 군의 작품을 악보로 해서 연주하면 어떨까요?"

"멋대로 하게."

p.128 "선생님, 악보로 만들어 주시지 않겠습니까?"

"바보 같은 소리 작작해!"

"누군가 이 중에 음악을 할 수 있는 사람은 없습니까?"

"낙제 후보자인 칸게츠 군은 바이올린의 고수라고. 확실히 부탁해 보게. 그러나 샴페인 정도라면 승낙하지 않을 사내지."

"샴페인도 말입니다. 한 병에 4엔이나 5엔짜리는 좋지 않습니다. 제가 대접하는 건 그런 싸구려는 아닌데, 당신 한 곡 지어 주지 않겠습니까?"

"예, 짓고 말고요. 한 병에 20전의 샴페인이라도 짓겠습니다. 뭐하면 거저라도 짓겠습니다."

p.129 "거저는 부탁 안 합니다. 사례는 합니다. 샴페인이 싫으면 이런 사례는 어떻습니까?"하고 말하면서 윗도리 주머니 안에서 7, 8장의 사진을 꺼내서 우르르 다다

미 위에 떨어뜨린다. 상반신이 있다. 전신이 있다. 서 있는 것이 있다. 앉아 있는 것이 있다. 하카마를 입은 것이 있다. 긴 소매 옷이 있다. 다카시마다가 있다. 모두 젊은 나이의 여자들뿐이다.

"선생님, 후보자가 이만큼 있습니다. 칸게츠 군과 토후 군에게 이 중 누군가 사례로 주선해도 좋습니다. 이쪽은 어떻습니까?"하고 한 장을 칸게츠 군에게 들이댄다.

"좋군요. 꼭 주선을 부탁합니다."

"이쪽도 좋습니까?"하고 또 한 장을 들이댄다.

p.130 "그쪽도 좋군요. 꼭 주선해 주세요."

"어느 쪽을 말입니까?"

"어느 쪽이든 좋습니다."

"당신, 어지간한 바람둥이군요. 선생님, 이 사람은 박사의 조카입니다."

"그런가?"

"이 분은 성격이 매우 좋습니다. 나이도 젊습니다. 이제 17살입니다.─ 이 사람이라면 지참금이 천 엔 있습니다. ─ 이쪽은 지사 딸입니다."하고 혼자서 계속 지껄인다.

"그 사람들 모두 맞이할 수는 없을까요?"

"모두 말입니까, 그건 너무 욕심이 지나치네요. 자네 일부다처주의자입니까?"

p.131 "다처주의자는 아닙니다만, 육식론자입니다."

"뭐든 좋으니, 그런 것은 빨리 치우는 게 좋겠군."하고 주인은 엄하게 꾸짖듯 내뱉으니 산페 군은 "그럼, 어느 쪽도 맞이하지 않는군요."하고 다짐하면서, 사진을 한 장 한 장 호주머니에 넣었다.

"뭔가, 그 맥주는?"

"선물입니다. 미리 축하하기 위해 모퉁이 술집에서 사 왔습니다. 좀 드시지요."

주인은 손뼉을 쳐서 하녀를 불러 병뚜껑을 따게 한다. 주인, 메테, 도쿠센, 칸게츠, 토후 다섯 명은 정중하게 컵을 들어, 산페 군의 여자 복을 축하했다. 산페 군은 매우 유쾌한 모습으로,

p.132 "여기 계신 여러분을 피로연에 초대합니다만, 모두 참석해 주시겠습니까? 참석해 주시겠지요."라고 말한다.

"나는 싫어." 주인은 이내 대답한다.

"왜 싫습니까? 제 일생에 한 번뿐인 대사입니다. 참석해 주시지 않겠습니까, 좀 몰

186

인정하지 않습니까?"

"몰인정한 건 아니지만, 난 참석하지 않아."

"기모노가 없어서입니까? 하오리와 하카마 정도는 어떻게든 할 수 있습니다. 좀 사람들 속에 섞이는 게 좋습니다, 선생님. 유명한 사람을 소개해 드리겠습니다."

"절대로 싫다!"

"위염이 낫습니다."

"낫지 않아도 괜찮아!"

p.133 "그렇게 고집 부리신다면 어쩔 수 없군요. 당신은 어떻습니까, 와 주겠습니까?"

"나 말인가. 꼭 가지. 가능하다면 중매쟁이 영광을 얻고 싶을 정도지. '샴페인으로 드는 결혼 축배로구나 봄날 저녁에.' ─뭐, 중매쟁이는 스즈키 토 씨라고? 과연 그쯤 되리라고 짐작했다. 이건 유감이지만 어쩔 수 없지. 중매인이 두 사람 생겨도 너무 많겠지. 그냥 보통 사람으로 반드시 참석하지."

"당신은 어떻습니까?"

"저 말입니까? 일간풍월에 한생계요 인조백빈홍료간이라."

"뭡니까 그건? 당시선입니까?"

"뭔지 모릅니다."

p.134 "모릅니까, 곤란하네요. 칸게츠 군은 참석해 주겠지요. 이제까지의 관계도 있으니까."

"꼭 참석하도록 하겠습니다, 제가 지은 곡을 악대가 연주하는 것을 듣지 못하는 것은 유감이니까요."

"그렇고말고요. 당신은 어떻습니까? 토후 군."

"그래요. 참석해서 두 분 앞에서 신체시를 낭독하고 싶습니다."

"그거 유쾌하군. 선생님, 저는 태어나서 이런 유쾌한 일은 없습니다. 그래서 맥주 한 잔을 마십니다."하고 자신이 사 온 맥주를 혼자서 벌컥벌컥 마시고 얼굴이 새빨개졌다.

p.136 짧은 가을날은 어느덧 저물고, 쾰련의 꽁초가 뿔뿔이 흩어진 화로 속을 보자 불은 훨씬 전에 꺼져 있다. 그처럼 대단한 만사태평인 무리도 좀 흥이 다한 듯,

"꽤 늦었네. 이제 돌아갈까."하고 먼저 도쿠센 군이 일어선다. 뒤이어서 "나도 돌아간다."하고 제각기 현관을 나선다. 흥행이 끝난 뒤처럼 응접실은 쓸쓸해졌다.

주인은 저녁 식사를 마치고 서재에 들어간다. 부인은 으스스한 추위에 속옷의 옷깃을 여미고, 여러 번 빨아서 색이 바랜 평상복을 꿰맨다. 어린애들은 베개를 나란히 하고 잔다. 하녀는 목욕하러 갔다.

p.137   만사태평으로 보이는 사람들도 마음속 밑바닥을 두드려 보면, 어딘가 슬픈 소리가 난다. 도통한 것 같아도 도쿠센 군의 발은 역시 지면 외에는 밟지 않는다. 마음은 편할지 모르지만 메테 군이 사는 세상은 그림으로 그린 세상은 아니다. 칸게츠 군은 유리 유리알 갈기를 중단하고 마침내 고향에서 아내를 데리고 왔다. 이것이 당연하다. 그러나 당연한 상태가 오래 계속되면 틀림없이 무료할 것이다. 토후 군도 앞으로 10년쯤 지나면 무턱대고 신체시를 바치는 일이 옳지 않다는 것을 깨닫게 될 것이다. 산페 군에 이르러서는 바다에 사는 사람인지 산에 사는 사람인지 감정하기가 어렵다. 평생 샴페인을 대접하고 흐뭇해 할 수 있다면 다행이다. 스즈키 토 씨는 어디까지라도 굴러 간다. 굴러가면 진흙이 묻는다. 진흙이 묻어도

p.138   굴러가지 못하는 사람보다도 세력이 넓어진다. 고양이로 태어나 인간 세상에 사는 것도 어느덧 2년이 지났다. 스스로는 이만한 견식가는 다시 없을 거라고 생각하고 있었는데, 요전에 카텔 무르라는 생면부지의 동족이 돌연 대기염을 토해서 좀 놀랐다. 차근차근 물어 보니, 사실은 백 년 전에 죽었는데, 우연한 호기심에 일부러 유령이 되어 나를 놀라게 하기 위해 먼 저승에서 출장왔다고 한다. 이 고양이는 어미와 대면할 때, 인사의 징표로 생선 한 마리를 물고 떠났는데, 도중에 끝내 참지 못해 자신이

p.139   먹어 버렸다고 할 정도로 불효 고양이답게 재기도 좀처럼 인간에게 지지 않을 정도로, 어떤 때는 시를 지어서 주인을 놀라게 한 적도 있다고 한다. 이런 호걸이 이미 1세기나 전에 출현했다면, 나 같은 변변치 않은 놈은 벌써 작별을 고하고 별천지에 돌아가서 쉬어도 좋을 것이다.
    주인은 조만간 위장병으로 죽는다. 카네다네 영감은 욕심 때문에 이미 죽었다. 가을 나뭇잎은 대개 다 떨어져 버렸다. 죽는 것이 만물의 정해진 운명으로, 살아 있어도 그다지 쓸모가 없다면 일찍 죽는 것만이 현명한 일일지도 모른다. 여러 선생의 주장에 따르면, 인간의 운명은 자살로 귀결한다고 한다. 방심하면 고양이도 그런 옹색한 세상에 태어나지 않으면 안 될지도 모른다. 두려운 일이다. 왠지 기분이 울적해져 온다. 산페 군의 맥주라도 마시고 좀 기운을 내자.

p.140　부엌 쪽으로 돈다. 가을 바람에 덜컹거리는 문이 조금 열린 틈으로 불어온 듯 램프는 어느샌가 꺼져 있지만, 달밤인지 창으로 그림자가 비친다. 컵이 쟁반 위에 3개 나란히 놓여 있는데,

p.141　그 중 2개에 다갈색 물이 절반쯤 담겨 있다. 유리 속의 것은 따뜻한 물이라도 찬 느낌이 든다. 하물며 늦가을 밤 추위의 달그림자에 비춰, 조용하게 불을 끄는 항아리와 나란히 놓여 있는 이 액체이니, 입술을 갖다 대기 전부터 이미 추워서 마시고 싶지 않다. 그러나 어떤 일이든 해 보는 게 좋다. 산페 같은 사람은 그것을 마시고서 새빨개져서 몹시 더워서 괴로운 숨소리를 냈다. 고양이도 마시면 명랑해지지 말란 법은 없을 것이다. 어차피 언제 죽을지도 모를 목숨이다. 뭐든 목숨이 있는 동안 해 둘 일이다. 죽고 나서 아아 유감이다 하고 무덤 뒤에서 후회해도 소용없다. 마음먹고 마셔 보자! 기세 좋게 혀를 넣어 홀짝홀짝 마셔 보고 놀랐다. 뭔가 혀끝을 바늘로 찔린 듯이 얼얼했다. 인간은 무슨 별난 취향으로 이런 썩은 것을 마시는지 모르겠지만, 고양이로선 도저히 마실 수 없다.

p.142　아무래도 고양이와 맥주는 궁합이 안 맞는다. 이건 큰일이라고 일단은 내민 혀를 당겨 봤지만, 다시 생각을 고쳐먹었다. 인간은 입버릇처럼 좋은 약은 입에 쓰다고 하고 감기 같은 것에 걸리면 얼굴을 찡그리고서 이상한 것을 마신다. 마시니까 낫는지, 낫는데 마시는 건지, 여태까지 의문이지만 마침 잘됐다. 이 문제를 맥주로 해결하자. 마셔서 뱃속까지 쓰면 그걸로 그만이요, 만약 산페처럼 제정신을 잃을 정도로 유쾌해지면 공전의 횡재이니, 근처 고양이들에게 가르쳐줘도 된다. 글쎄, 어떻게 될지, 운을 하늘에 맡기고 단숨에 해치우자고 결심하고서 다시 혀를 내밀었다. 눈을 뜨고선 마시기 힘들기 때문에 꼭 눈을 감고, 다시 홀짝홀짝하기 시작했다.

p.143　나는 참고 또 참기를 거듭해, 가까스로 맥주 한 잔을 다 마셨을 때, 묘한 현상이 일어났다. 처음에는 혀가 얼얼해서, 입안이 외부로부터 압박받는 듯 고통스러웠지만, 마셔감에 따라 차츰 편해져 한 잔째를 해치웠을 때는 특별히 힘들지도 않게 됐다. 이제 괜찮다고 두 잔째는 어렵지 않게 해치웠다. 하는 김에 쟁반 위에 흘린 것도 닦듯이 뱃속에 넣었다.
　그로부터 얼마 동안은 나 스스로 자신의 동정을 살피기 위해, 가만히 움츠리고 있었다. 차츰 몸이 따뜻해진다. 눈 언저리가 희미해진다. 귀가 화끈해진다. 노래를 부르고 싶어진다. '고양이다 고양이다'하고 춤을 추고 싶어진다. 주인도 메테도 도쿠센도 똥이

나 처먹어라 하는 기분이 든다. 카네다네 영감쟁이를 할퀴어 주고 싶어진다. 안주인의 코를 물어뜯고 싶어진다. 여러 가지 기분이 든다. 마지막으로 휘청휘청

p.144　　일어서고 싶어진다. 일어서니 비틀비틀 걷고 싶어진다. '이건 재미있는데' 하고 밖으로 나오고 싶어진다. 나오자 '달님, 안녕하세요.'하고 인사하고 싶어진다. 매우 유쾌하다.

　거나하게 취했다는 건 이런 것을 말하는 것이라고 생각하면서, 정처 없이 이곳저곳 산책하는 듯한, 하지 않는 듯한 기분으로 야무지지 못한 발을 적당히 옮겨 가자, 왠지 자꾸만 졸립다. 자는 것인지, 걷고 있는 것인지 분명치 않다. 눈은 뜬 셈인데 무겁기가 그지없다. 이렇게 되면 이걸로 끝이다. 바다든 산이든 놀라지 않는다고, 앞발을 흐느적거리며 앞으로 냈다고 생각한 순간, 첨벙 소리가 나서 깜짝 놀라는 가운데 ―당했구나! 어떻게 당했는지 생각할 틈이 없다. 단지 당했구나 하는 느낌이 드는지 들지 않는지 나중에는 엉망진창이 되고 말았다.

p.145　　제정신이 들었을 땐 물 위에 떠 있다. 고통스러우니까 발톱으로 무턱대고 긁어댔는데, 긁히는 것은 물뿐으로, 긁으면 바로 물속에 잠겨 들고 만다. 어쩔 수 없으니 뒷발로 뛰어올라 앞발로 긁으니, 으드득 하는 소리가 나고 약간의 반응이 있었다. 가까스로 머리만 떠서 어딜까 둘러보니, 나는 커다란 독 안에 떨어져 있다. 이 독은 여름까지 물아욱이라는 물풀이 무성했었는데, 그 후 까마귀 칸코가 와서 아욱을 다 먹어 치운 후 멱을 감는다. 멱을 감으면 물이 줄어든다. 줄어들면 안 오게 된다. 근래엔 꽤 줄어서 까마귀가 보이지 않는구나 좀전에 생각했는데, 나 자신이 까마귀 대신에 이런 곳에서 멱을 감으리라곤 꿈에도 생각지 못했다.

p.147　　물에서 독 가장자리까지 네 치 남짓이다. 발을 뻗어도 닿지 않는다. 뛰어올라도 나갈 수 없다. 무사태평하게 있으면 가라앉을 뿐이다. 바둥거리면 으드득으드득 하고 독에 발톱이 닿을 뿐이고, 닿았을 때 약간 떠오른 기분이지만, 미끄러지면 곧장 쭉 하고 물에 잠겨 든다. 잠기면 고통스러우니까 곧 으드득한다. 그러는 가운데 몸이 지쳐온다. 마음은 초조하지만, 다리는 그다지 말을 듣지 않게 된다. 마침내는 물에 잠기기 위해 독을 긁어대는지, 긁어대기 위해 물에 잠기는지, 스스로도 알 수 없게 됐다.

　그때 고통스럽지만 이렇게 생각했다. 이런 가책을 당하는 것은 결국 독에서 위로 올라가고 싶을 뿐인 바람이다. 올라가고 싶은 건 간절하지만 올라가지 못할 것은 확실히 알고 있다. 내 발은 세 치도 안 된다. 만약 수면에 몸이 떠올라서, 떠오른 곳에서

p.148   한껏 앞발을 뻗어도 다섯 치를 넘는 독 가장자리에 발톱이 걸릴 수 없다. 독 가장자리에 발톱이 걸릴 수 없다면, 아무리 바둥거려도 조바심내도 100년 동안 분골쇄신해도 빠져나갈 수 없다. 빠져나갈 수 없는 걸 뻔히 알면서도 나가려고 하는 것은 무리다. 무리를 강행하려고 하기 때문에 고통스러운 것이다. 시시하다. 스스로 찾아서 고통스러워하고, 자진해서 기꺼이 고문을 당하는 것은 어리석기 짝이 없다.

"이젠 그만두자. 될 대로 되라지. 으드득 하는 것은 이것으로 관두자."하고 앞발도, 뒷발도, 머리도 꼬리도 자연의 힘에 맡기고 저항하지 않기로 했다.

차츰 편안해진다. 고통스러운 건지 다행스러운 건지 짐작이 가지 않는다. 물 속에 있는 건지, 다다미 방 위에 있는 건지

p.149   분명치 않다. 어디에 어떻게 하고 있어도 지장은 없다. 그저 편안하다. 아니 편안함 그것조차도 느낄 수 없다. 해와 달을 잘라내고, 천지를 분쇄해서 불가사의한 태평으로 들어간다. 나는 죽는다. 죽어서 이 태평을 얻는다. 태평은 죽지 않으면 얻을 수 없다. 나무아미타불 나무아미타불. 다행이구나, 다행이구나.

다락원 일한 대역문고 – 고급5

나는 고양이다
我輩は猫である

지은이 夏目漱石
역 주 조영석
펴낸이 정규도
펴낸곳 (주)다락원

초판 1쇄 발행 2009년 3월 10일
초판 4쇄 발행 2024년 7월 17일

편집장 이경숙
책임편집 송화록, 임수진
교정 권기정
디자인 이수민
일러스트 윤상설

경기도 파주시 문발로 211
Tel: (02)736-2031 Fax: (02)732-2037
    (내용문의: 내선 460~465 / 구입문의: 내선 250~252)
출판등록 1977년 9월 16일 제406-2008-000007호

ISBN 978-89-5995-436-0 18730   978-89-5995-296-0(set)

www.darakwon.co.kr
다락원 홈페이지를 방문하시면 자세한 어학 정보와 함께 다양한 혜택을 받으실 수 있습니다.